Ein heller Hauch, ein funkelnder Wind.
A Bright Wisp, a Glistening Wind.

Bernard Schultze

Zum 100. Geburtstag / A 100th Birthday Celebration

arp museum Bahnhof Rolandseck

HIRMER

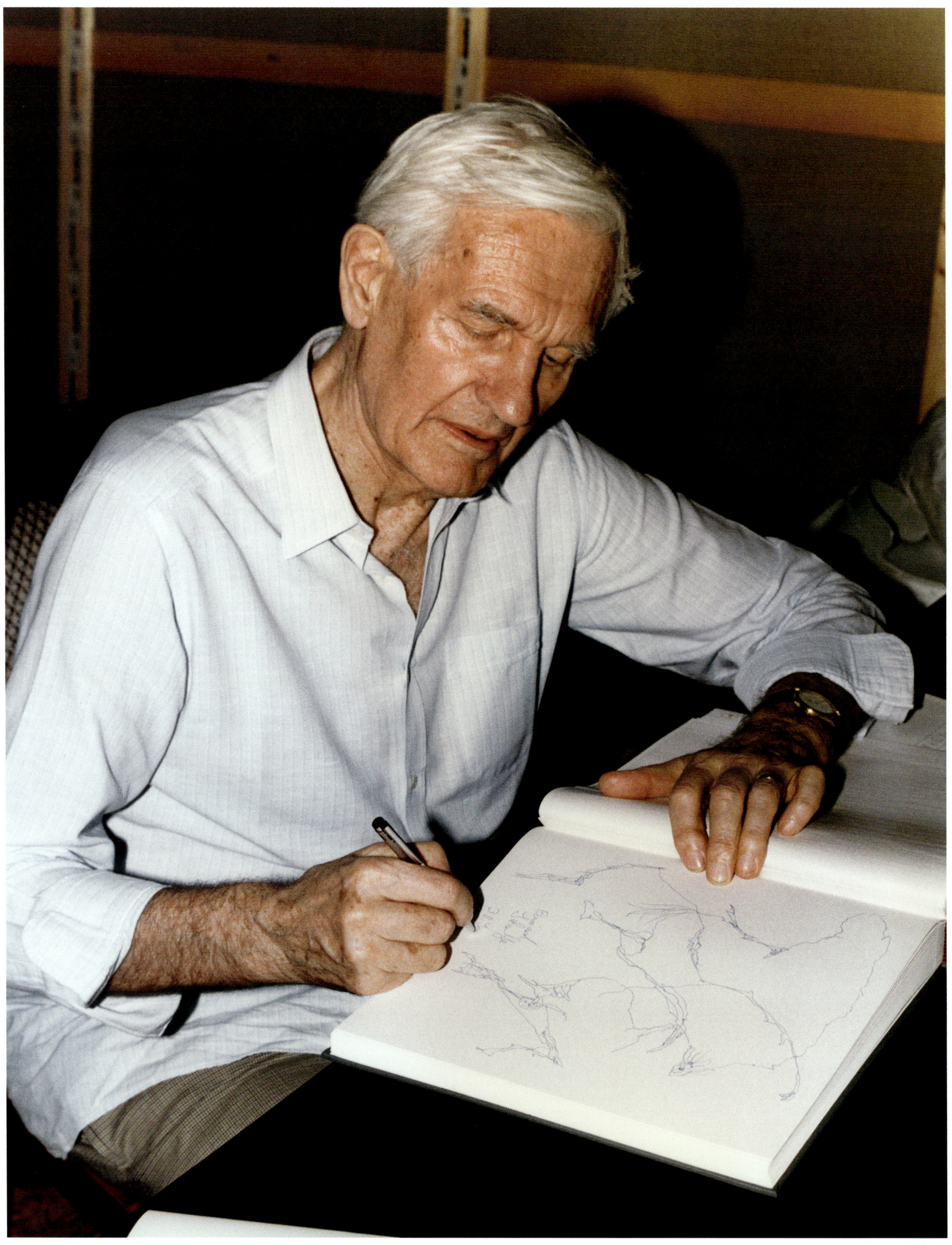

Bernard Schultze, 1997

Inhalt
Contents

Oliver Kornhoff

»Ein heller Hauch, ein funkelnder Wind.«
»A Bright Wisp, a Glistening Wind.«

Bernard Schultze zum 100. Geburtstag

Im aktuellen Themenjahr »Freiräume« verbinden sich in unserem Museum sämtliche Ausstellungen unter diesem Leitmotiv. Auch für den im ehemals deutschen Schneidemühl / Provinz Posen geborenen Bernard Schultze, der bis zu seinem Tod im Jahr 2005 in Köln lebte und arbeitete, ging es in seiner Kunst stets darum, künstlerische Grenzen zu überwinden und Freiräume zu erschließen. Er fand seinen persönlichen Freiraum in der informellen Malweise und gehört zu den wichtigsten Vertretern des deutschen Informel, das sich Anfang der 1950er-Jahre aus der von ihm sowie Karl Otto Götz, Otto Greis und Heinz Kreutz gegründeten Künstlergruppe Quadriga herauskristallisierte.

Tatsächlich fühlte sich Bernard Schultze, wie er in einem Interview sagte, jahrelang »eingeschnürt«, bis er in den 1940er-Jahren begann, sich in der Malerei zu befreien. Sein Erfolg beim Überwinden der medialen Grenzen von Malerei und Skulptur und sein unerschrockenes Spiel mit Abstraktion und Figur gaben ihm Recht. In diesem Jahr wäre Bernard Schultze 100 Jahre alt geworden. Er ist einer der bedeutendsten Künstler der Nachkriegszeit, der die zerrüttete Kunstlandschaft Deutschlands auf internationalem Niveau bereicherte. Bis heute findet Bernard Schultzes Werk mit seinen unabhängigen Kompositionen und dem gestischen, intuitiven Farbauftrag große Beachtung.

Der Prozess der Freiraumsuche vollzog sich für ihn nicht nur inhaltlich, sondern auch buchstäblich – so erarbeitete er sich die Dreidimensionalität zunächst in Form von reliefartigen Bildern, die er immer weiter aus der Leinwand wachsen ließ, bis sie schließlich eigenständige skulpturale Gebilde wurden. Seit Beginn der 1960er-Jahre nannte er seine Fantasiegestalten »Migofs«, eine rätselhafte Wortschöpfung, die der Eigenständigkeit dieser Mischwesen aus Mensch, Tier und Natur eine geradezu mystische Bedeutung verleiht. Der Malerei blieb er aber immer treu. So schuf er ab den 1980er-Jahren eine umfangreiche Gemäldeserie von beeindruckender Dimension, nicht selten von sechs Metern, manchmal sogar von fast acht Metern Länge. Immer wieder vereinte er Zeichnung und Malerei oder Malerei und Relief und ließ so wechselnde Kräfteverhältnisse von Farbe und plastischen Eingriffen entstehen. Bernard Schultze hinterlässt ein beeindruckendes

Bernard Schultze: a 100th Birthday Celebration

All of the exhibitions at our museum this year are devoted to and linked by one keynote: the theme of »open spaces«. By the same token, the main concern of Bernard Schultze, who was born in Schneidemühl in the former German Province of Posen and lived and worked in Cologne until his death in 2005, was to always transcend artistic boundaries and develop open spaces. He found his personal open space in the informal style of painting, and he ranks among the most important exponents of German *art informel,* which evolved in the early 1950s from the artist group Quadriga, which he established together with Karl Otto Götz, Otto Greis, and Heinz Kreutz.

For years Bernard Schultze felt, in fact, »constricted«, as he stated in an interview, until he gradually freed himself in painting in the 1940s. His successful crossing of boundaries between the art forms of painting and sculpture and his bold play with abstraction and the figure proved him right. This year Bernard Schultze would have turned 100. He is one of the most important artists of the post-war period who enriched the ruptured landscape of art in Germany on an international level. To this day Bernard Schultze's work, with its distinctive compositions and gestural intuitive brushwork, attracts a great deal of attention.

His quest for open spaces took place not just on the level of content, but also in a literal sense. He developed three-dimensionality at first in the form of relief-like paintings, which he then allowed to extend further and further from the canvas into space until, eventually, they became independent sculptural objects. From the early 1960s on, he called his fantasy figures »Migofs«, a mysterious coinage that lends an almost mystical significance to these autonomous hybrid creatures that are part human, part animal, part nature. Yet he always remained faithful to painting. From the 1980s on, he created an extensive series of paintings in impressive formats, quite often up to six—and in some cases even up to eight—metres long. Time and again he combined drawing and painting or painting and relief, thereby giving rise to shifting relative strengths of paint and sculptural interventions.

Bernard Schultze has left behind an impressive œuvre that reflects his continuous artistic transition and development.

His works are characterised by an associative and intuitive approach. As in the work of Jean (Hans) Arp, chance plays an important role for Bernard Schultze and, with the older as with the younger artist, it sometimes follows the artistic *mise-en-scène*. The unconscious was a major source of inspiration for him which he drew on, elicited, and committed to paper and canvas. Childhood memories of Pomerania on the Polish border, memories of an array of everyday experiences as well as traumatic events, most of all the war, also provided inspiration. Accordingly, his works contain a variety of themes, some sombre, gruesome, and uncanny, others buoyant, harmonious, and colourful. You are cordially invited to discover this thematic breadth of Bernard Schultze's work.

The wide range of his work is a joy for our museum and its visitors, as we have the opportunity to experience the large-scale paintings along with the prints and the imposing sculptures as a »total-work-of-art« of sorts — that is, in the same way as Bernard Schultze liked to see his art. This »total-work-of-art« comes perfectly into its own in the Richard Meier building of the Arp Museum Bahnhof Rolandseck with its open and spacious architecture. The visitors are surrounded on all sides with organic forms that, seen through the large windows, seem to mysteriously proliferate, with paintings, mural reliefs, and hanging as well as freestanding sculptures, causing them to immediately become part of Schultze's universe. The surrounding nature, the forest, and the Siebengebirge envelop this »spectacle« like a stage set and complement both the mythological and the narrative character of the works of Bernard Schultze, who himself created the stage set for a production of the ballet *Die vier Jahreszeiten* (The Four Seasons) at the Deutsche Oper am Rhein Düsseldorf Duisburg in 1970.

Bernard Schultze's strong interest in music and literature also reverberates at the Arp Museum Bahnhof Rolandseck. Our museum focuses on these three areas, and the visual arts, music, and literature are always closely related. It is indeed all the more fitting that Bernard Schultze was not just a visual

Werk, das seine stetige künstlerische Veränderung und Weiterentwicklung widerspiegelt.

Seine Arbeiten sind geprägt von seiner assoziativen und intuitiven Vorgehensweise. Wie bei Hans Arp spielt der Zufall auch bei Bernard Schultze eine große Rolle, und wie beim Älteren folgt dieser auch beim Jüngeren zuweilen der künstlerischen Regie. Das Unbewusste war für ihn eine wichtige Inspirationsquelle, aus der er schöpfte und die er hervorlockte und zu Papier und Leinwand brachte. Inspiration boten ihm auch Kindheitserinnerungen an Pommern an der polnischen Grenze, eine Ansammlung an Alltagserfahrungen sowie traumatische Erlebnisse, allem voran der Krieg. So beinhalten seine Werke vielgestaltige Themen: Teilweise sind sie düster, grausam und unheimlich, dann wieder heiter, harmonisch und farbenfroh. Wir laden Sie herzlich dazu ein, diese Spannweite des Werks von Bernard Schultze zu entdecken.

Die Vielfalt seines Werks ist für unser Museum und unsere Besucherinnen und Besucher ein großes Vergnügen. Denn wir können die großformatigen Malereien gemeinsam mit den Grafiken und auch den imposanten Skulpturen als eine Art Gesamtkunstwerk erleben – wie auch Bernard Schultze seine Kunst gerne sah. Im Richard-Meier-Bau des Arp Museums Bahnhof Rolandseck mit seiner offenen und großzügigen Architektur kommt dieses Gesamtkunstwerk bestmöglich zur Geltung. Durch die großen Fensterflächen werden die Besucherinnen und Besucher allseitig umfangen von organischen Formen, die geheimnisvoll zu wuchern scheinen, von Bildern, Wandreliefs, hängenden und freistehenden Skulpturen und werden so unmittelbar Teil des Schultze-Universums. Die umliegende Natur, der Wald und das Siebengebirge umschließen dieses »Schauspiel« gleich einer Kulisse und ergänzen den mythologischen wie auch narrativen Charakter der Werke von Bernard Schultze, der 1970 selbst ein Bühnenbild für das Ballett *Die vier Jahreszeiten* an der Deutschen Oper am Rhein Düsseldorf Duisburg schuf.

Auch Bernard Schultzes großes Interesse an Musik und Literatur findet im Arp Museum Bahnhof Rolandseck Widerhall. In unserem Drei-Sparten-Haus stehen bildende Kunst, Musik und Literatur stets in engem Zusammenhang. So fügt es sich umso glücklicher, dass Bernard Schultze nicht nur bildender

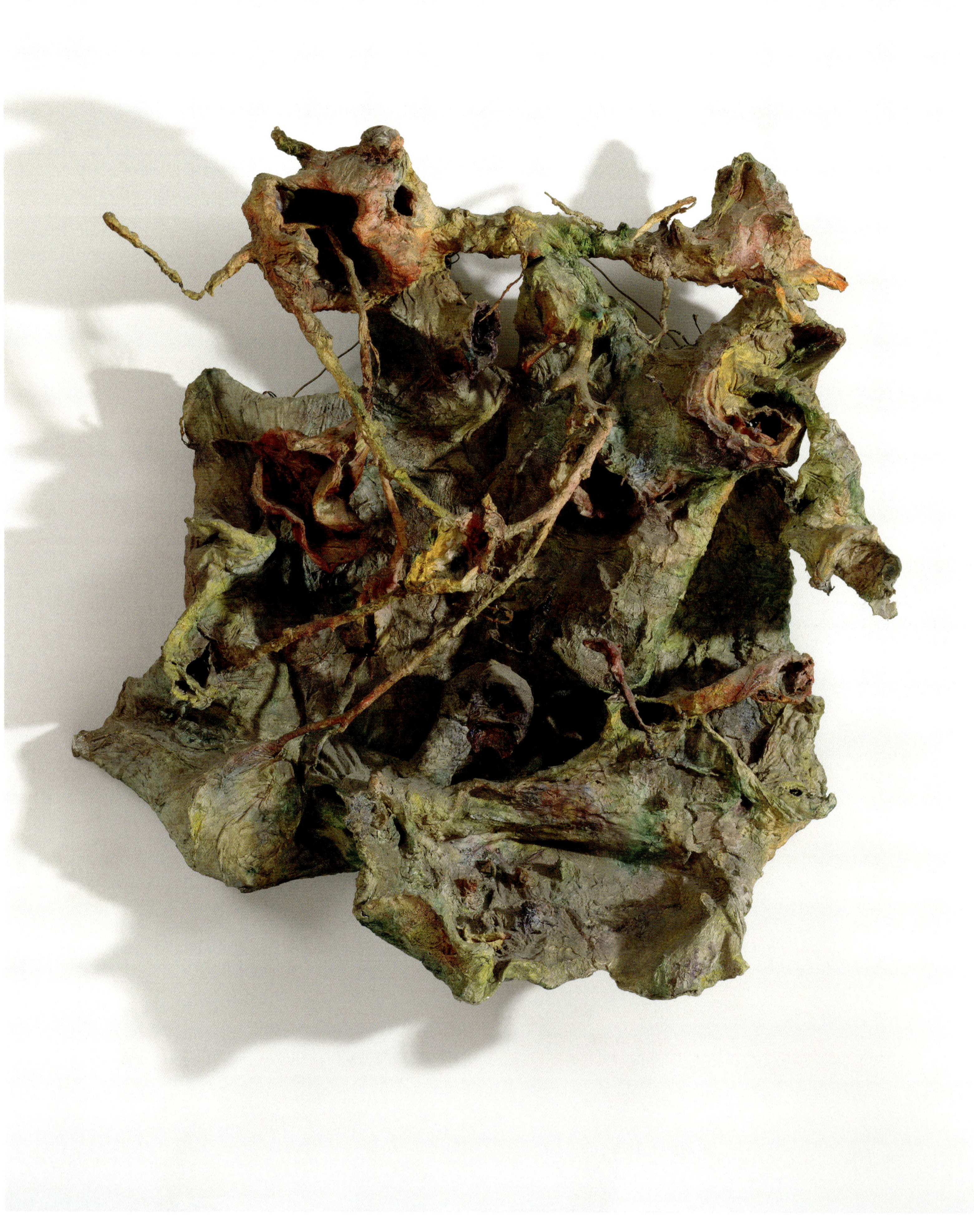

     Enktrefk, 1960

artist but also a writer. The lyrical titles of his works and his numerous poems are an integral part of his artistic œuvre. Even as a child he owned books in which he would paint on one page and write on the opposite one. The title of our exhibition *A Bright Wisp, a Glistening Wind* is also taken from literature, specifically from a collection of stories by Bruno Schulz entitled *The Cinnamon Shops* that was Bernard Schultze's favourite.

For an artist such as Bernard Schultze who just like the patron of our museum, Jean (Hans) Arp, liked to express himself both in poetry and the visual arts, the Arp Museum Bahnhof Rolandseck provides an ideal setting for this comprehensive appraisal of his work. Moreover, Bernard Schultze, in fact, had a connection to Rolandseck during his lifetime and was very attached to it since the 1960s. This is evidenced by the »Migof« *Enktrefk* (1960) and especially by a 1968 drawing he created for this place, *Eine labyrinthische Reise nach Rolandseck von Köln aus* (A Labyrinthine Journey from Cologne to Rolandseck)—both works that are part of the collection of our museum.

The idea for this exhibition was born in 2010. From the outset it was conceived as a centenary appreciation. Many thanks to all those involved for patiently accompanying us on the road to this day. We are particularly grateful to Doris Schultze-Berger and Barbara Herrmann for their knowledgeable, helpful, and dependable cooperation, without which it would have been impossible to realise this exhibition project.

In addition, we would like to express our deep gratitude for their dedicated support to our lenders who agreed to live without their wonderful works for the duration of the exhibition. We also owe a debt of gratitude to the authors, Anne Duden, Karl Otto Götz, Markus Haupt, Hartmut Kraft, and Gregor Laschen, as well as to Tamara Voss for her studio photographs. The curator, Jutta Mattern, embarked with Sylvie Kyeck on a labyrinthine journey from Rolandseck across the universe of Bernard Schultze. In the course of this she also exposed works to the bright wisp of her exhibition idea that, not having been shown for decades, were in danger of sinking into the darkness of oblivion. Winged by the glistening wind of curatorial imagination, she managed to get what Schultze would call the grimness and splendidness of his art to glow and shine. For that we are very grateful, as it makes this exhibition particularly pleasurable.

Künstler, sondern auch Literat war. Die lyrischen Werktitel wie auch die zahlreichen Gedichte sind integraler Bestandteil seines künstlerischen Schaffens. Schon als Kind besaß er Bücher, deren eine Seite er bemalte und die gegenüberliegende Seite beschrieb. Auch unser Ausstellungstitel *Ein heller Hauch, ein funkelnder Wind* ist der Literatur entlehnt – und zwar Bernard Schultzes Lieblingserzählung »Die Zimtläden« von Bruno Schulz.

Für einen Künstler wie Bernard Schultze, der sich ebenso gerne in Poesie und bildender Kunst ausdrückte wie unser Hauspatron Hans Arp, bietet die groß angelegte Würdigung im Arp Museum Bahnhof Rolandseck den idealen Rahmen. Zudem hatte Bernard Schultze auch zu Lebzeiten einen Bezug zu Rolandseck und war dem Ort seit den 1960er-Jahren sehr verbunden. Davon zeugen der Migof *Enktrefk* (1960) und insbesondere die für diesen Ort entstandene Zeichnung *Eine labyrinthische Reise nach Rolandseck von Köln aus* (1968), die sich beide in der Sammlung unseres Museums befinden.

2010 wurde die Idee zu dieser Ausstellung geboren. Sie war von Beginn an als Geburtstagswürdigung gedacht. Vielen Dank allen Beteiligten, dass Sie uns geduldig auf dem Weg bis heute begleitet haben. Unser Dank gilt dabei im Besonderen Doris Schultze-Berger und Barbara Herrmann für die kompetente, hilfsbereite und vertrauensvolle Zusammenarbeit, ohne die das Gelingen des Ausstellungsprojektes nicht möglich gewesen wäre.

Unseren tief empfundenen Dank für die engagierte Unterstützung möchten wir zudem den Leihgebern aussprechen, die bereit waren, für die Ausstellung auf ihre wunderbaren Werke zu verzichten. Unser Dank gilt ebenfalls den Autoren Anne Duden, Karl Otto Götz, Markus Haupt, Hartmut Kraft und Gregor Laschen sowie Tamara Voss für ihre Atelierfotos. Die Kuratorin Jutta Mattern begab sich, begleitet von Sylvie Kyeck, von Rolandseck aus auf eine labyrinthische Reise durch das künstlerische Universum Schultzes. Dabei setzte sie auch Werke dem hellen Hauch ihrer Ausstellungsidee aus, welche, seit Jahrzehnten nicht mehr präsentiert, dem Dunkel des Vergessens anheim zu fallen drohten. Beflügelt vom funkelnden Wind der kuratorischen Fantasie ist es ihr gelungen, wie Schultze sagen würde, auch das Grausig-Prächtige seiner Kunst zum Glühen und zum Leuchten zu bringen. Dafür großen Dank, denn gerade das ist bei dieser Ausstellung ein besonderes Vergnügen.

Zustand

Kichern verräterisch
Fuchsien
diese Lampionkinder
Vielleicht am Fenster
im Halbdunkel
prophetisch, in matter
Würde, flattert ein
Schmetterling

Nur an sumpfig-verschwiegenen
Orten
können meine Lügen
ihren Durst löschen
Können die Hyazinthen
diese Glücksfigürchen
ihre Kleider abstreifen

Wenn ich meine Hände
darüber halte
und ihnen Koseworte
zuflüstere
kichern verräterisch
Fuchsien

Bernard Schultze

Status

As they snigger treacherously
fuchsias
these lantern children
At the window perhaps
in semi-darkness
prophetically, fluttering
in languid dignity,
a butterfly

Only in swampy secluded
places
can my lies
quench their thirst
Can the hyacinths
these figurines of good fortune
shed their clothes

When I hold my hands
above them
whispering
words of endearment
as they snigger treacherously
fuchsias

Bernard Schultze

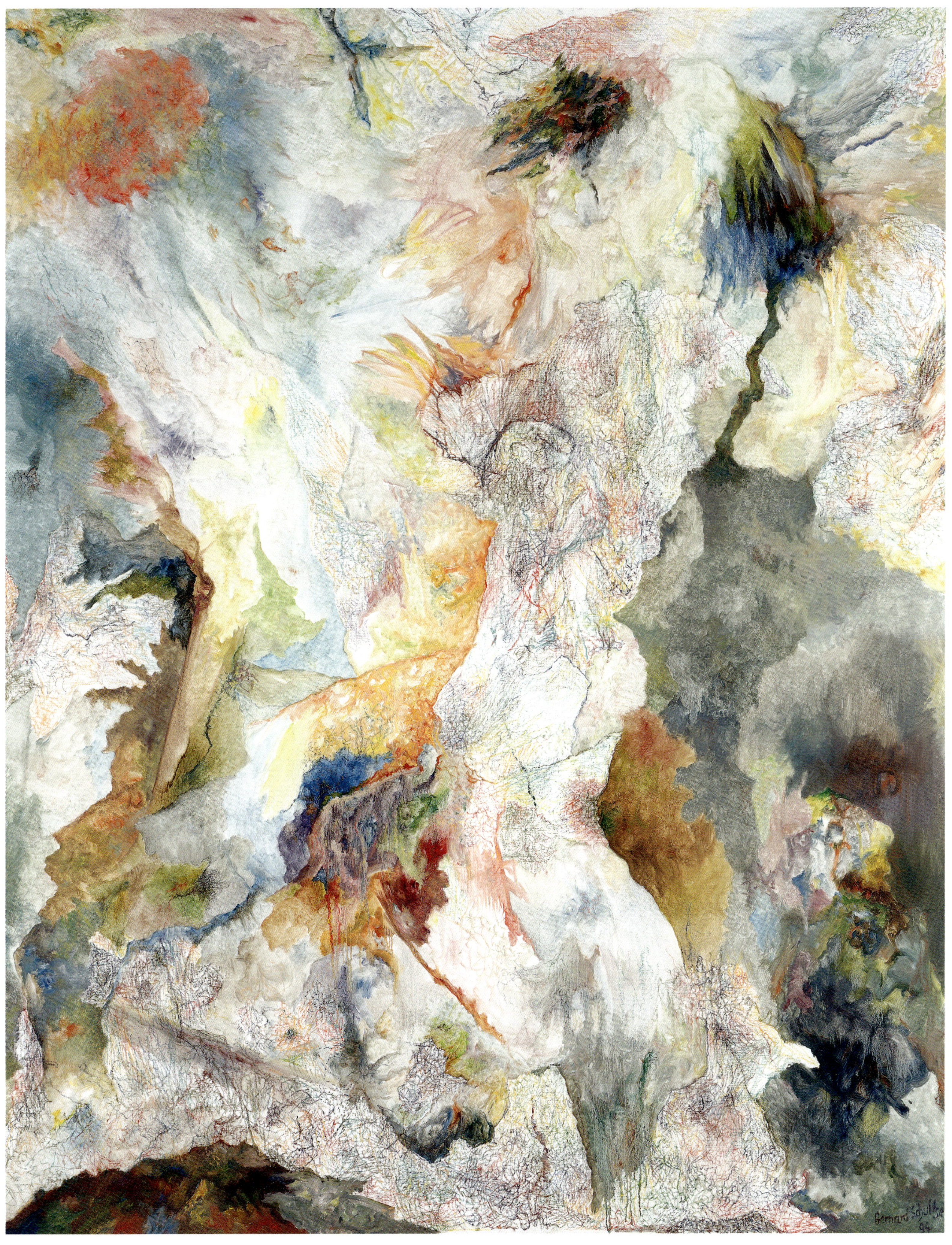

Windgestalten im Frühling (Wind Figures in the Spring), 1994   9

Anne Duden

Erregung und Kontrolle
Commotion, Chaos and Control

Gleich schon, eingangs, ist alles da und ist in unaufhörlicher Bewegung, von den hellen leeren über die tintig dunklen Flächen, den wuchernden Dickichten aus Schraffen und kleinsten Kringeln über die aus dem gerade Gefügten schon wieder herausstrebenden Verästelungen und hängenden Schnüre und Ranken bis zu den winzigsten Kritzelverstecken, den Verliesen und Schluchten und bis in sie hinein. Und all dies erscheint, aber immer nur einen Augenblick lang und schwer zu bestimmen, ja vielleicht schon beim Aufkeimen unmerklich entstellt, in einmal menschlicher, tierischer, pflanzlicher Gestalt, Teil jeweils nur einer werdenden Gestalt, dann sogar einer Felsformation, eines Gebäudes und so fort, und geht anhaltend ineinander über und unter und auf im nächsten und anderen.

Alles ist also immerzu im Begriff, sich zu verwandeln und anderem anzuverwandeln, die doch eben erst eingeschlagene Entwicklungsrichtung zu ändern, aus der Form und in eine andere überzugehen, boden-, ja bedenkenlos tief ab- und einzusinken und gleichermaßen, verzwickt und verzwackt, sich zu spreizen oder aufzutürmen.

Der Krieg ist vorbei, und nichts ist wirklich vergessen oder ausgelöscht. Aber was vermutlich gerade erst erleichtert sich noch zu sammeln versucht hat, beginnt schon unruhig auf der Stelle zu treten und will endlich weiter, wird eine Triebkraft, die all das vorher Gesehene, früher Begonnene und gezwungenermaßen Abgebrochene wieder aufnehmen will, beladen jetzt, natürlich, mit dem schweren Gepäck der unmittelbaren Vergangenheit, das ja mit einem verwachsen bleibt, aber doch auch eine neue Schubkraft miterzeugt hat und diesen neuen Bewegungsdrang nur noch verstärken könnte. So kommen auch und gerade die Farben erneut in Bewegung und werden, so weit man sehen kann, von nun an immer in Bewegung bleiben. Sie werden verdickt und verdünnt, ineinander getaucht und wieder gehoben, heftig gezerrt und gestaucht, sie werden untergemengt und miteinander vermischt und bleiben durchsetzt von ausfransenden, knotigen und bewimperten Linien, ja überlagert und überzogen von ganzen unregelmäßig geknüpften und stellenweise aufgerissenen Linien- und Bändernetzen. Bis sich alles zu einem unruhig durchfurchten Bild-Gelände gefügt zu haben scheint, einem Gelände, in dem man an keiner Stelle länger verweilen kann, weil alles kreist und sich schlängelt und windet und pulsiert

Already, at the outset, everything is there and is in perpetual motion, from the bright blank areas to the inky dark ones, from the rampant thickets of hatching and minutest curls to the ramifications and hanging strings and tendrils that branch out again from what was just joined together to the tiniest scribble crannies, dungeons, and gorges and all the way within. And all of this appears, though only for a moment and defying easy identification—indeed perhaps already imperceptibly disfigured at the very moment of germination—at one point in human, animal, vegetal guise, each just a part of an evolving shape and then indeed of a rock formation, a structure and so forth, persistently blending and sinking into one another, merging into the next and another.

So everything is always on the verge of transforming and adapting itself and changing the direction just taken, losing its form and taking on another one, abysmally and, indeed, unscrupulously descending and subsiding and likewise, intricate and convoluted, spreading or banking up.

The war is over and nothing is really forgotten or erased. But what probably only just tried to gather itself in relief, is already starting to restlessly mark time and is eager to move forward at last, becoming a driving force that wants to take up everything previously seen, started and forcibly aborted, now laden, of course, with the heavy baggage of the immediate past, which becomes a part of one after all, although it may have helped generate a new thrust as well and could only reinforce this new impulse. Now the colours, in particular, begin to flow once again and, as far as one can see, will indeed stay in motion from now on. They are thickened and thinned, dipped into one another and lifted again, violently tugged at and compressed, mixed in and intermixed and remain crossed by fraying, gnarled, and lashed lines, indeed superimposed and covered with entire irregularly knotted and partly lacerated webs of lines and bands. Until everything seems to have coalesced into a restlessly rutted terrain. A terrain where it is impossible to linger for a while in one place, because everything is gyrating and wiggling and winding and pulsating and keeps going and going. So many tracks around, so many trails and threads and strings and ropes that want to be picked up.

And by now the picture surface itself must somehow surreptitiously have been set in motion, as if seismic quakes had occurred at an unforeseen depth, leaving behind bulges, eruptions, and seemingly still weeping orifices. Material residues, discarded or shredded pieces have come up and broken through the surface. The finger of Grünewald's John the Baptist, somehow directing the painter from very early on, has started—in multifarious disguises—to point out of the painting and into space. It protrudes, thickens and extends into an umbilical cord-like strand, splits up into several strands that push into space and, unexpectedly and unforeseen, release new body forms which then can stand, hang, lie, or sit there. They shall be named Migof, a word that is now suddenly out there too, a construct of a name that has combined a light vowel colour and a dark one in two syllables.

They are, after all, works that are made rather than spawn, assembled, pasted together, and moulded out of unwieldy mesh armatures and intractable tangles of wires, wood and plastic, paper and fabric scraps. Shapes that suddenly halt in mid-growth though or, indeed, in mid-decay have been abandoned—as if flash-frozen standing, sitting, lying, and hanging—now wing hangings that are flapped into themselves, as if taken by surprise in their sleep, or spindly upright, hunched or caved-in figures veined with medusa-like coal slack, haphazardly covered with fabrics glued stiff and entangled or grown together with metal scraps and dented sheet metal parts. In the midst of stepping out, lunging, reaching and gesticulating, they stopped dead. Nerves are exposed—or are they antennas—and protrude and hang bent in the air, gossamer threads are held like reins from a raised vantage point, and numerous stretched-out tentacles remain forever stretched. Yet despite the strangely wondrous stasis, the colours which cover these figures or in which they are dipped have not ceased oscillating, shimmering, and shining silkily. Entire mixtures of rainbow segments seem to be spread over them; they are red like meat, infused with russet and brown, they expose sallow skin and fat-tissue tones and in some places mother-of-pearl solutions have melded with their surfaces. Nevertheless something that stalled with the figures is

und weiter- und weitergeht. So viele Fährten ringsum, so viele Fäden und Schnüre und Taue, die aufgegriffen werden wollen.

Und dann muss die Bildfläche selbst auch schon hinterrücks in Bewegung geraten sein. Als hätten in einer ungeahnten Tiefe sich seismische Beben ereignet, die Wölbungen, Aufwerfungen und scheinbar noch suppende Öffnungen hinterlassen haben. Materialreste, Verworfenes oder Zerrissenes ist hochgekommen und hat die Oberfläche durchstoßen. Der Johannesfinger Grünewalds, von früh an so richtungsweisend für den Maler, hat, in vielfach sich abwandelnder Form, begonnen, aus dem Bild und in den Raum zu zeigen. Er stülpt sich hervor, verdickt und verlängert sich zu einem nabelschnurähnlichen Strang, teilt sich auf in verschiedene Stränge, die in den Raum streben und in ihn – unvermutet und unvorhergesehen – neue Körpergebilde entlassen, die dort dann bald stehen, hängen, liegen, sitzen können. Migof sollen sie heißen, ein Wort, das nun auf einmal auch im Raum steht, ein Namengebilde, das eine helle und eine dunkle Vokalfarbe in zwei Silben zusammengeschlossen hat.

Es sind ja Mach-Werke und keine Ausgeburten, zusammengesetzt und verklebt und geformt aus widerspenstigem Maschengerüst und ungefügigem Drahtgewirr, aus Holz und Plastik, Papier und Stofffetzen. Gestalten, die indes noch mitten im Werden oder auch schon wieder Vergehen plötzlich erstarrt und wie schockgefroren stehen, sitzen, liegen und hängen gelassen wurden, nun in sich selbst eingeschlagene Flügel-Gehänge, wie im Schlaf überrascht, oder staksig aufrechte oder auch gebeugte oder in sich eingesunkene, von Medusenschlacke durchsetzte Figuren, notdürftig bedeckt mit steif geleimten Stoffen und verhakt oder verwachsen mit Metallresten und verbeulten Blechteilen. Mitten im Ausschreiten, Ausholen, Hinlangen und Gestikulieren sind sie stehen geblieben. Nerven liegen bloß, oder sind es Antennen, ragen hervor und hängen verbogen in der Luft, dünnste Fäden werden von einer erhöhten Warte aus wie Zügel gehalten, und zahlreiche ausgestreckte Tentakel bleiben anhaltend ausgestreckt. Doch bei allem wunderlichen Stillstand haben die Farben, die diese Figuren überziehen oder in die sie getaucht sind, nicht nachgelassen zu changieren, zu schimmern und seidig zu glänzen. Ganze Mischungen aus Regenbogensegmenten scheinen über sie gebreitet, sie sind fleisch-, rostrot und braun durchtränkt, zeigen teigige Haut- und Fettgewebefarben, und stellenweise haben Perlmuttlösungen sich mit ihren Oberflächen verbunden. Aber etwas mit den Figuren

Angehaltenes steht nun auch im Raum. Es ist eine gewisse Unruhe, ja Ungeduld, die von einem Energiestau herrühren muss, einem hier aufgelaufenen Bewegungsdrang, der über den momentanen Zustand hinaus weiterdrängt. An dieser Unruhe und Ungeduld hält ja alles im Raum fest, von Augenblick zu Augenblick nun.

Aber zu folgen versuchen, wie es dann mit den Farben allein noch einmal weiter, und sehr viel weiter, geht, wie deren Entfaltung und Ausbreitung nach immer größeren Bildformaten, denen die Größe des Ateliers schon längst nicht mehr gewachsen ist, verlangt, und wie mit jedem weiteren Bild ihre Reichweite, die bisher doch einigermaßen überschaubar erschien, nun auch immer mehr sich ausdehnt und den Horizont dadurch immer aufs Neue verschiebt, all das lässt einen selbst nun vorübergehend fast erstarren. Sprachlos müsste man zurückbleiben, wären da nicht zahlreiche Gedichte, Texte und Äußerungen des Malers selbst, in denen sich umfassende und sensible Beschreibungen der Farben seiner und der Bilder anderer Maler nachlesen ließen.

Nicht dass in diesen größeren und allergrößten Formaten jetzt die Farben, wie in den früheren Gemälden, sich nirgends mehr fetzen würden, dass keine tierkadaverähnlichen Farbgebilde, wie aufgeschnitten hingebreitet, gelegentlich mehr auftauchen würden. Nur erscheint all das nun in gelösterer Nachbarschaft und weiträumiger, ja luftiger Umgebung und in ausgedehntesten Zusammenhängen. Immer mehr Farbformationen kommen auch ins Rutschen, schieben sich wie Gletscher vor oder scheinen, Kristallgewebe bildend, auf milchigen Laugen zu schwimmen. Zunehmend häufig aber wird jetzt nah an den Bildrändern ein Bereich frei oder andersfarbig offengelassen, sodass etwas noch hinter oder unter der Bildfläche in schmalen Streifen sichtbar zu werden beginnt. Wie durch einen Sehschlitz meint man in große, manchmal wolkig verhangene, manchmal hell schimmernde Tiefen blicken zu können, Tiefen, denen die Bildebenen wie Kontinente schwebend aufzuruhen scheinen. Bisweilen teilen sich die Bildebenen auch, schieben sich auseinander oder reißen auf und geben so den Blick auf eine noch fernere Tiefe frei. Man müsste jetzt also nahezu ungehindert bis auf den Grund sehen und dabei den Bodensatz der Farben deutlich erkennen können. In Wirklichkeit aber blickt man ja in eine Tiefe, die bodenlos ist und in der die Farben kein Ende finden.

März 2015

now out there as well: a certain restlessness or, indeed, impatience that should stem from pent-up energy, a drive to move forward that has been bottled up right here and that urges on beyond the present state. This restlessness and impatience is what everything in the space holds on to, now from one moment to the next.

Yet to try to trace and comprehend how the colours alone urge on once again, much further still, how their expansion and proliferation require ever-larger painting formats, to which the dimensions of the studio stopped measuring up a long time ago, and how with each additional painting their range, which thus far seemed still quite manageable, now also increasingly expands and, as a result, keeps pushing back the horizon time and again—all this almost makes oneself temporarily stop in one's tracks. One should be left speechless, were it not for the numerous poems, texts, and statements of the painter himself, in which one could glean the extensive and sensitive descriptions of the colours of his paintings and those of other artists.

Not that the colours in those larger and ultra-large formats would no longer quarrel with one another like in the earlier paintings, and not that one would no longer occasionally encounter carcass-like colour formations, spread out as if sliced up. It is just that all of this now appears in a more relaxed proximity, a more spacious, indeed, airy environment and the most extended relationships. More and more colour formations also start skidding, push forward like glaciers or seem to float on milky suds, forming crystal textures. Increasingly, though, an area close to the edges of the paintings is left blank or open in a different colour, so that something starts to become visible in narrow strips even behind or under the picture surface. As if through an eye slit, it feels as if one can look into great, sometimes overcast, sometimes brightly shimmering depths, depths on which the layers of the painting seem to rest like floating continents. At times the layers split, move apart, or rupture, thereby revealing an even greater depth. One should be able, then, to look almost unhindered all the way down and in doing so clearly recognise the deposit of colours. But in fact one is looking into a boundless depth in which the colours never come to an end.

March 2015

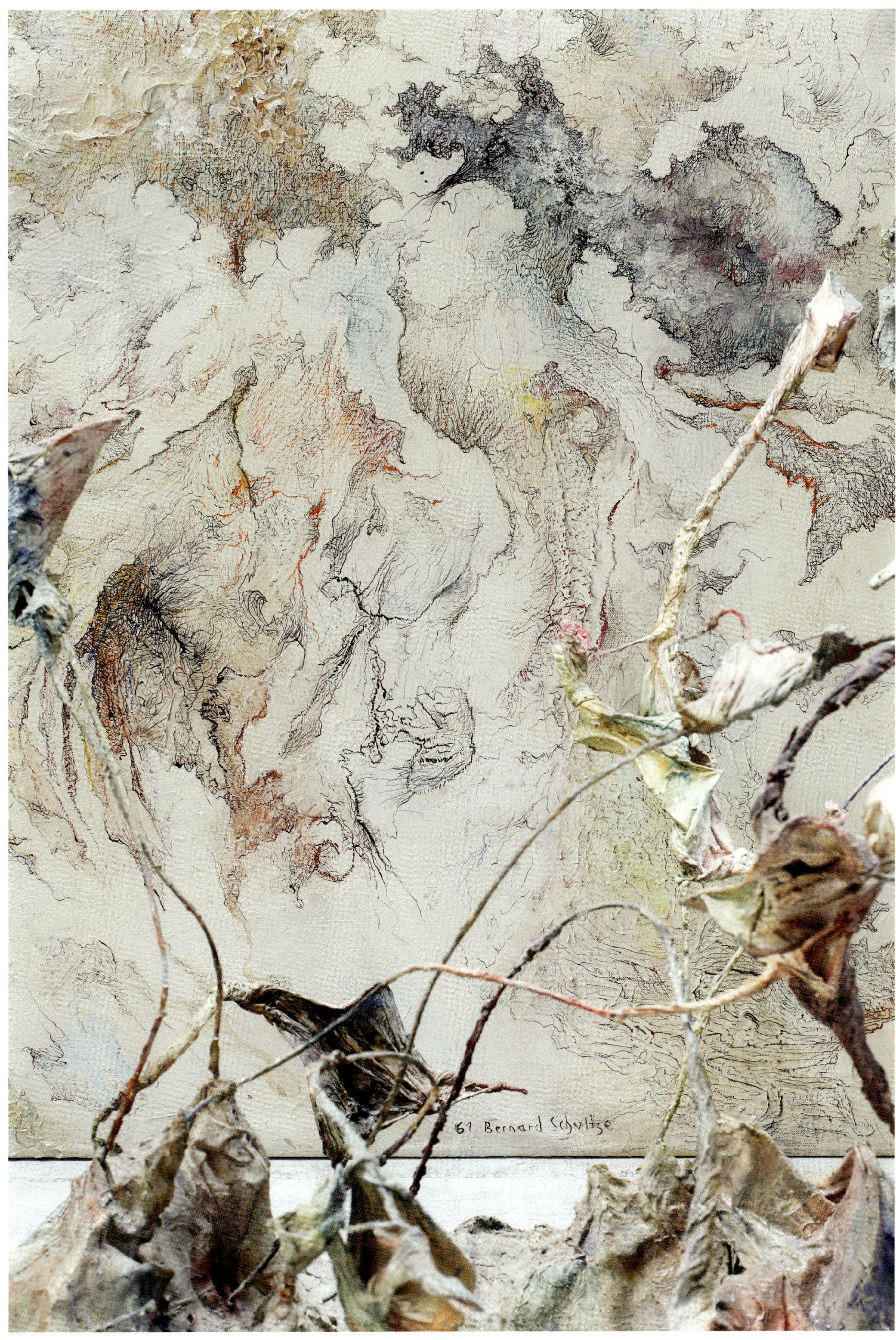

Moonen, Detail / detail, 1961   13

 Polternd-mimosenhaft (Rumbling-Tender), 1990

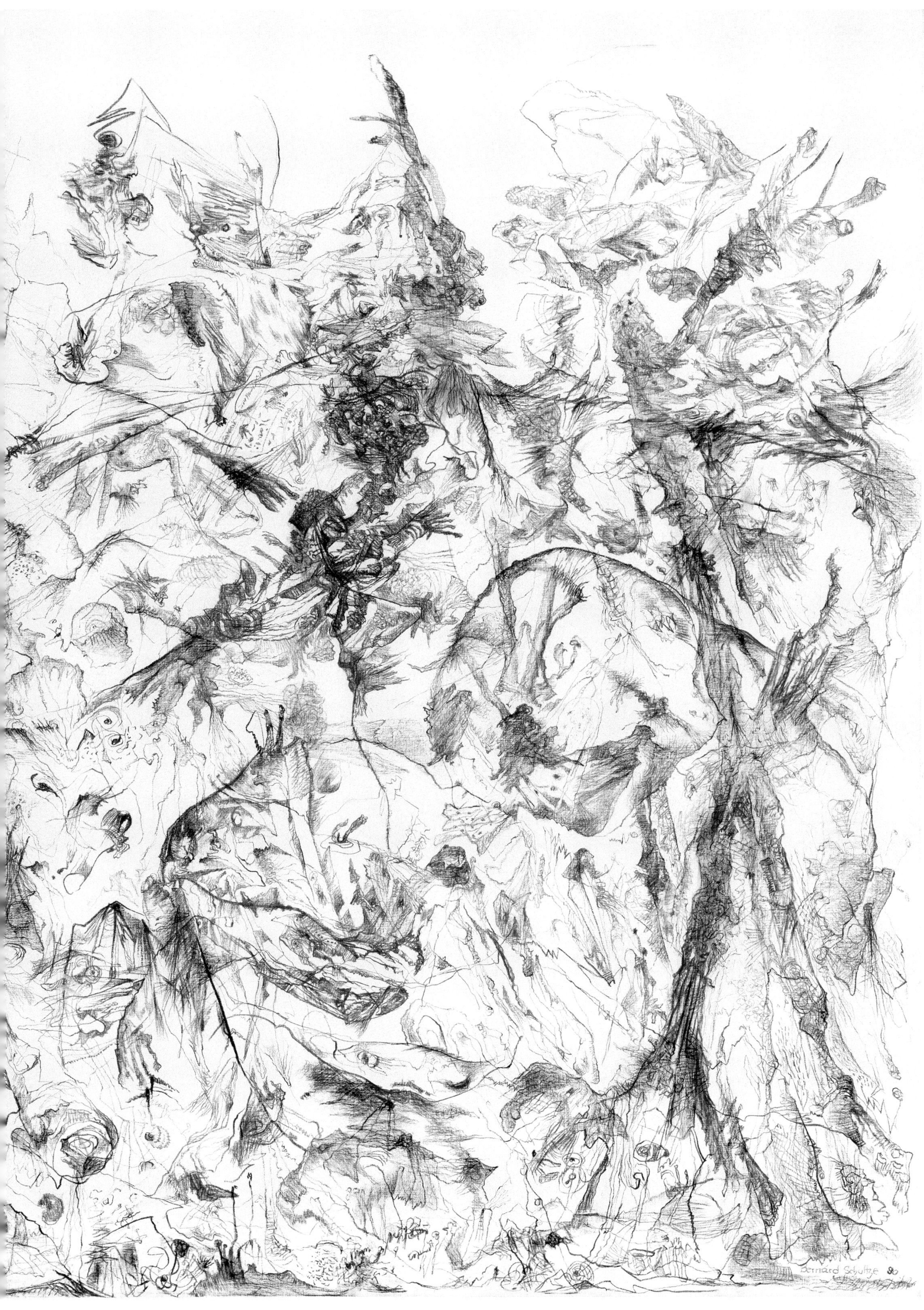

Hartmut Kraft

Die zerschlagenen Schalen eines Gesprächs mit sich selbst
The Shattered Shells of a Conversation with Oneself

Psychoanalytische Überlegungen zu der Frage, warum sich an den Bildern von Bernard Schultze die Geister scheiden.

Gefrorener Strang das Flußbett
verstümmelter Zeitlauf
die zerschlagenen Schalen eines Gesprächs mit sich selbst
doch auch leuchtende blonde
Strähnen aus Wasser
Goldkugeln tanzen
aufgehängt Wäsche flatternde Sätze
am Stadtrand
und faulig zerbeult wie Kessel
aus offenem Maul kriecht das Wort
von wehenden Kommas verdeckt [1]

Warum mit einem Gedicht beginnen, einem Gedicht ohne jede Interpunktion? »Für mich hat Gemaltes, Gezeichnetes denselben Stellenwert wie Geschriebenes«,[2] hat Bernard Schultze einmal gesagt. Der Vorgang des Machens sei derselbe in allen Kategorien. Mit dieser seiner Art des Machens, Überlegungen zu seiner Art des kreativen Arbeitens, sollen diese Ausführungen beginnen. Über die Inhalte seiner Bilder sollen sie uns schließlich zu der Beantwortung der Frage führen, warum sich an seinen Bildern die Geister scheiden. Die einen hegen eine tiefe Bewunderung für seine Werke, die anderen aber wenden sich ab. Anleihen bei der Psychoanalyse sollen helfen, diese Fragen zu beantworten.

Der kreative Prozess
Bernard Schultze äußerte sich in Gesprächen und eigenen Texten vielfach zu seiner Arbeitsweise. Rückblickend auf sein Werk sagte er gegen Ende seines Lebens: »Es ist das Ungefähre, was mich anzieht, niemals etwas zu deutlich auszudrücken, um nicht das Phänomen der Automation zu gefährden. Die Kritzeleien sind es oft, die uns den nächsten Schritt aufzeigen.«[3] Noch deutlicher wurde er an einer späteren Stelle des Gesprächs: »[...] mich ganz und gar fallen lassen, passiv zu sein. Es modelliert. Es macht. Das Es wurde zum Ich. Aber Es startete – bis heute – dort, wo man nicht weiß, woher es wirklich kommt.«[4]

Psychoanalytical reflections as to why people's opinions differ on the paintings of Bernard Schultze.

The river bed a frozen skein
garbled passage of time
The shattered shells of a conversation with oneself
yet also glowing blond
strands of water
golden spheres dancing
hung up laundry fluttering phrases
on the outskirts
and putridly battered like kettle
from an open mouth the world crawls
concealed by wafting commas [1]

Why start with a poem, a poem without any punctuation? »For me painting, drawing and writing have equal status«,[2] Bernard Schultze once stated, adding that the process of making is the same in all categories. The present discussion starts out with his process of making, with reflections on his way of working creatively. By addressing his paintings' contents, we should eventually find the answer as to why people's opinions differ on his paintings. Some are full of admiration for his work, others turn away. Psychoanalytical explanations will help answer these questions.

The creative process
Bernard Schultze has often commented on his working method in conversations and texts he authored. Looking back at his œuvre toward the end of his life, he noted: »What appeals to me is the vague, the approximate: to never state things too clearly, so as not to jeopardise the phenomenon of automation. Often it is the scribblings that show us the next step.«[3] Later on in the conversation he became even more explicit: »[...] to completely abandon myself, to be passive. It models. It makes. The id has become the ego. But id started out—to this day—from a place where no one really knows its origin.«[4]

1   Schultze, Bernard: *Die zerschlagenen Schalen eines Gesprächs mit sich selbst,* Wiesbaden 1966, S. 6.
2   Ders.: *Pictor poeta. Gedichte und Zeichnungen 1990–1995,* Ostfildern 1995, S. 21.
3   Bernard Schultze im Gespräch mit Werner Krüger, in: *Bernard Schultze. Welt im Farbrausch,* hrsg. von Evgenija N. Petrova, Ausst.-Kat. Staatliches Russisches Museum, Museum Ludwig im Russischen Museum, Sankt Petersburg 2002, S. 17.
4   Ebd.

1   Schultze, Bernard: *Die zerschlagenen Schalen eines Gesprächs mit sich selbst,* Wiesbaden 1966, p. 6.
2   Idem: *Pictor poeta. Gedichte und Zeichnungen 1990–1995,* Ostfildern 1995, p. 21.
3   Bernard Schultze in conversation with Werner Krüger, in *Bernard Schultze. Welt im Farbrausch,* ed. by Evgenija N. Petrova, exh. cat., State Russian Museum, Museum Ludwig in the Russian Museum, Saint Petersburg 2002, p. 17.
4   Ibid.

Obviously, we need to take a closer look at this »id« and—when dealing with an erudite and thoroughly educated artist such as Bernard Schultze—ask how this »id« is treated in psychoanalysis. In *Structure of the Mental Apparatus,*[5] Sigmund Freud distinguished between the id (instinctual part), the ego (organised, mediating part), and the super-ego (critical, moralising part, »conscience«). Bernard Schultze surely does not cite the id in psychoanalytical terms, but still it is worth considering his statements from this vantage point.

The id is the »instinctual pole of the personality«; its contents are unconscious—on the one hand hereditary and innate, on the other acquired and repressed. What interests us with regard to art are the ways in which the id works, its unconscious processes. The term used for this is »primary process« and these processes are characterised above all by »displacement« and »condensation.« Displacement happens when the emphasis, significance, or intensity of an idea veers off and shifts to a different one that is often linked to it only through loose association. Condensation is when a single idea stands for multiple chains of association and is located at their point of intersection. In such cases a concept, an image, a scene can be »overdetermined« and often carry very different meanings.

If this sounds too theoretical, we only need to listen to Bernard Schultze who, after World War II, said about his works: »At the time I already worked, without ever having heard about Breton, ›according to the dictate of the unconscious‹.«[6] Which Schultze understands to mean: »Drifting where the painting takes me, leaving as much as possible to coincidence and as little as possible to control.«[7] Elsewhere we read: »It doesn't matter in the least to me whether I am painting, drawing or sculpting: the essential thing is always that I probe into what is unknown to me. This is the object of my entire work.«[8] The way into the unknown is paved with chains of association: »Associations are important to me. They are the open field.«[9] Very few visual artists abandoned

Nun liegt es auf der Hand, dieses »Es« genauer zu betrachten, und – bei einer belesenen und umfangreich gebildeten Künstlerpersönlichkeit wie Bernard Schultze – nach den psychoanalytischen Überlegungen zum »Es« zu fragen. In seiner »Strukturtheorie des psychischen Apparats«[5] unterschied Sigmund Freud das Es (Triebpol), das Ich (steuernde Instanz) und das Über-Ich (umgangssprachlich am ehesten mit »Gewissen« zu übersetzen). Bernard Schultze zitiert nun sicherlich nicht das Es im Sinne der Psychoanalyse, aber es lohnt, von hier aus einen Blick auf seine Aussagen zu werfen.

Das Es bildet den »Triebpol der Persönlichkeit«, seine Inhalte sind unbewusst, einerseits erblich und angeboren, andererseits erworben und verdrängt. Was uns in Hinblick auf die Kunst interessiert, sind die Arbeitsweisen des Es, seine unbewusst ablaufenden Prozesse. Sie werden als »Primärvorgang« (oder Primärprozess) bezeichnet und sind vor allem durch »Verschiebung« und »Verdichtung« gekennzeichnet. Bei einer Verschiebung löst sich der Akzent, die Bedeutung oder die Intensität einer Vorstellung von dieser und wechselt zu einer anderen, die ihr oft nur lose assoziativ verbunden ist. Bei der Verdichtung hingegen vertritt eine einzelne Vorstellung mehrere Assoziationsketten, an deren Kreuzungspunkt sie sich befindet. Ein Begriff, ein Bild, eine Szene kann dann »überdeterminiert« sein, oft ganz unterschiedliche Bedeutungen transportieren.

Wem dies alles zu theoretisch klingt, der kann sich sogleich wieder an Bernard Schultze halten, der zu seinen Arbeiten nach dem Zweiten Weltkrieg sagt: »Damals arbeitete ich schon, ohne je etwas von Breton gehört zu haben, ›unter dem Diktat des Unbewußten‹.«[6] Darunter versteht Schultze: »Sich treiben lassen, wohin das Bild will, soviel wie möglich dem Zufall überlassen, sowenig wie möglich der Kontrolle.«[7] An anderer Stelle heißt es: »Mir ist völlig wurscht, ob ich male, zeichne oder plastisch arbeite, ausschlaggebend ist immer, dass ich zum mir Unbekannten vordringe. Das ist der Sinn meiner ganzen Arbeit.«[8] Der Weg ins Unbekannte führt dabei über Assoziationsketten: »Assoziationen sind wichtig für mich. Sie sind das offene Feld.«[9] Es gibt

5   For the psychoanalytical remarks, cf. Laplanche, Jean and Jean-Bertrand Pontalis: *The Language of Psycho-Analysis,* New York 1974; Mertens, Wolfgang (ed.): *Handbuch psychoanalytischer Grundbegriffe,* 4th, rev. and exp. ed., Stuttgart 2014; Kraft, Hartmut (ed.): *Psychoanalyse, Kunst und Kreativität. Die Entwicklung der analytischen Kunstpsychologie seit Freud,* 3rd, rev. and exp. ed., Berlin 2008.
6   Quoted in *Bernard Schultze. Das große Format,* ed. by Evelyn Weiss, exh. cat., Museum Ludwig in der Josef-Haubrich-Kunsthalle, Cologne, Munich 1994, p. 223.
7   Ibid., p. 9.
8   Exh. cat. Saint Petersburg 1994 (as in n. 3), p. 18.
9   Ibid.

5   Zu den psychoanalytischen Ausführungen vgl. Laplanche, Jean und Jean-Bertrand Pontalis: *Das Vokabular der Psychoanalyse,* 2 Bde., Frankfurt am Main 1. Aufl. 1972. – Mertens, Wolfgang (Hrsg.): *Handbuch psychoanalytischer Grundbegriffe,* Stuttgart 4. überarb. und erw. Aufl. 2014. – Kraft, Hartmut (Hrsg.): *Psychoanalyse, Kunst und Kreativität. Die Entwicklung der analytischen Kunstpsychologie seit Freud,* Berlin 3. überarb. und erw. Aufl. 2008.
6   Zit. nach: *Bernard Schultze. Das große Format,* hrsg. von Evelyn Weiss, Ausst.-Kat. Museum Ludwig in der Josef-Haubrich-Kunsthalle, Köln, München 1994, S. 223.
7   Ebd., S. 9.
8   Ausst.-Kat. Sankt Petersburg 1994 (wie Anm. 3), S. 18.
9   Ebd.

kaum einen Künstler im Bereich der bildenden Kunst, der sich im gesamten Arbeitsprozess so sehr dem Unbewussten überließ, sozusagen mitschrieb und mitzeichnete, was in ihm aufstieg. Bernard Schultze schaut seiner Seele beim autonomen Arbeiten zu und stenografiert so schnell wie möglich – schreibend, zeichnend, malend –, was er von dem flüchtig Vorbeiziehendem erhaschen kann. Er versucht immer aufs Neue, das Paradox zu bewältigen, vom Bewusstsein auf das zuzugreifen, was als Unbewusstes vom Bewusstsein ausgeschlossen ist. Das ist, verkürzt gesagt, seine »künstlerische Versuchsanordnung«, der er sich ein Leben lang widmete. Dazu arbeitete er sich in Trance oder lenkte seine Aufmerksamkeit beim Malen vom Malvorgang ab, führte Gespräche, versuchte sich nicht zu konzentrieren, sondern geschehen zu lassen, die Hand machen zu lassen, was sie wollte. So entstanden assoziativ gelockerte Bilder, die oft etwas von einer Collage haben. Unmittelbar nebeneinander können Landschaftsausschnitte und menschliche Körperteile auftauchen und ineinander übergehen. Ein Blick in die Ferne wechselt mit einer Nahsicht, Mikroskop und Teleskop werden permanent vertauscht. Gerade in den Zeichnungen lässt sich der schnelle Wechsel auch formal gut verfolgen: Ein zartes Liniengeflecht trifft auf dunkle Schraffuren, und ein Linienknäuel steht neben ausfasernden Strichlagen. Scheinbar freie Blattpartien mit einem erst auf den zweiten Blick wahrnehmbaren Gespinst zarter, zittriger Linien treffen auf dunkle, fast schwarze Strichlagen, die abrupt an einer Kante enden. Wir blicken in ein urwaldartiges Dickicht und gelangen über eine wurzelartige Partie zu insektenartigen Wesen.

Derartige Beschreibungen lassen sich mühelos fortführen, sofern man sich die Zeit nimmt, vor einem Werk von Bernard Schultze zu verweilen. Verschiebungen, Verdichtungen, das Hüpfen und Springen der Assoziationen – all das lässt sich an den Bildern ablesen. Was als Detail in Nahsicht wichtig erscheint, verliert bei Betrachtung aus größerer Entfernung schnell an Bedeutung (Verschiebung), Figuranmutungen sind vieldeutig, können an Landschaften, aber auch Pflanzen oder Tiere erinnern (Verdichtung) – und treiben den Betrachter in eigene Assoziationsketten hinein.

Auch wenn alles zu wuchern scheint, Labyrinthe sich auftun, entgleiten die Bilder weder ins Beliebige noch Chaotische. Immer wieder einmal schaut sich Bernard Schultze beim Arbeiten sozusagen selbst über die Schulter: »Es entsteht

themselves as thoroughly to the unconscious throughout their work process, by writing and drawing as things welled up inside of them. Bernard Schultze watches his mind working autonomously and takes down in the fastest possible shorthand—as he writes, draws, paints—whatever he glimpses in the fleeting flow. Again and again, he tries to overcome the paradox of accessing through consciousness what, by definition, is excluded from it: the unconscious. This is, in short, a kind of »experimental set-up of his art«, to which he devoted himself throughout his life. To achieve this, he would put himself into a trance or, while painting, deflect his attention from painting, engaging in conversations, trying not to focus and, instead, letting go, letting the hand do what it wanted. This resulted in associatively loosened paintings that are often somewhat collage-like. Landscape details and human body parts can appear side by side and blend into one another. A view into the distance alternates with a close-up view, microscope and telescope constantly interchange. The drawings, in particular, allow us to trace the rapid shift on a formal level: a delicate web of lines meets dark crosshatching; a ball of intertwined lines is juxtaposed with a layer of fraying lines. Seemingly empty parts of the paper, which feature a weave of delicate, shaky lines visible only upon second glance, meet dark, almost black layers of lines that abruptly end at an edge. We look into a jungle-like thicket and via a root-like section we get to insect-like creatures.

Such descriptions can easily be continued, if one takes the time to linger over a work by Bernard Schultze. Displacements, condensations, the hopping and leaping of associations: all this is evident in his paintings. What up close seems to be an important detail, quickly becomes less important when viewed from a distance (displacement); hints of figures are ambiguous and may suggest landscapes or, alternatively, plants and animals (condensation), propelling the viewer into his or her own chains of associations.

Even if everything seems to proliferate and mazes loom, the paintings never slide into the random or chaotic. While working, it is as if Bernard Schultze keeps looking over his own shoulder: »Something is formed towards all sides, filling the canvas. The only thing I have control over is the balance

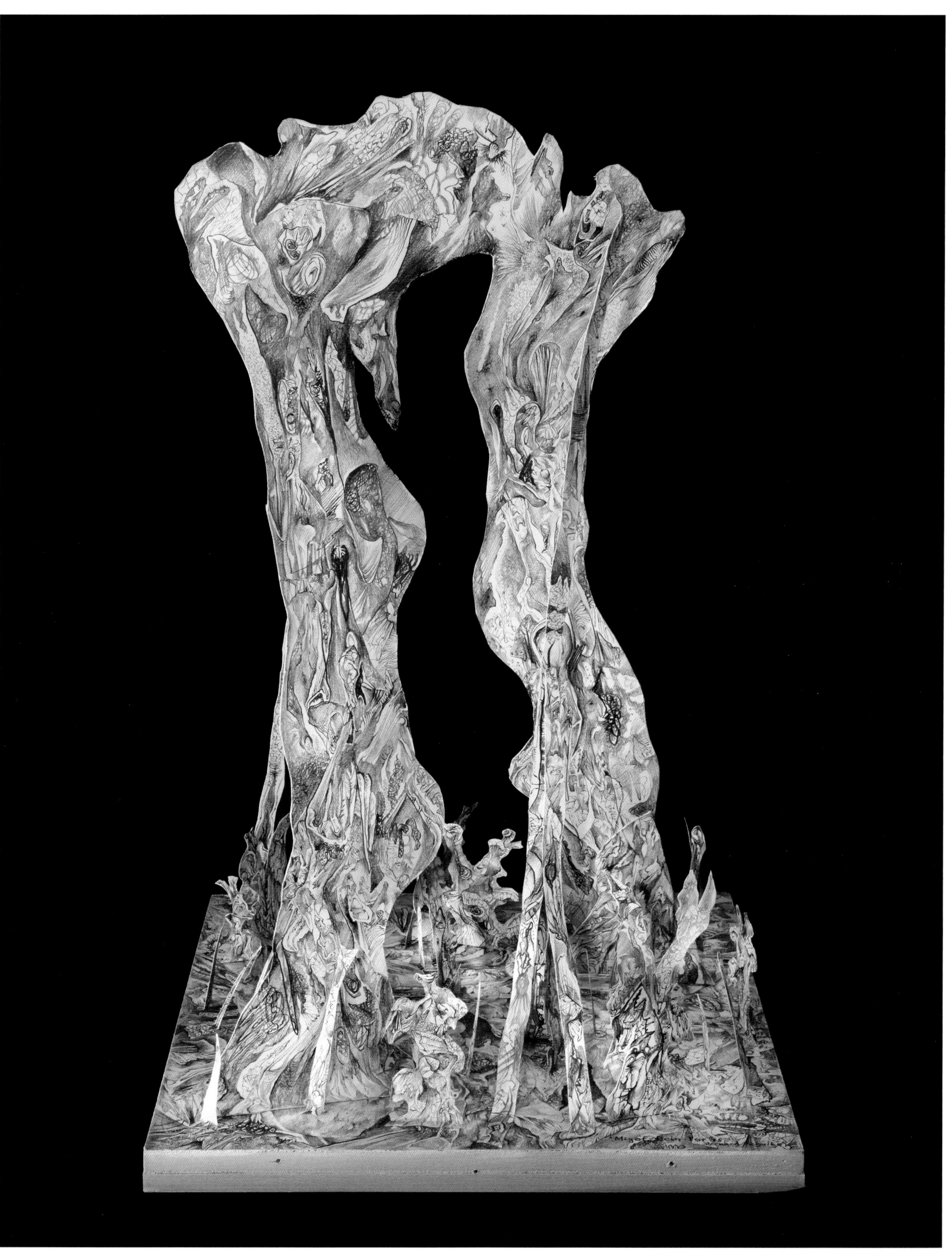

Migof-Bein-Tor (Migof-Leg-Gate), 1975

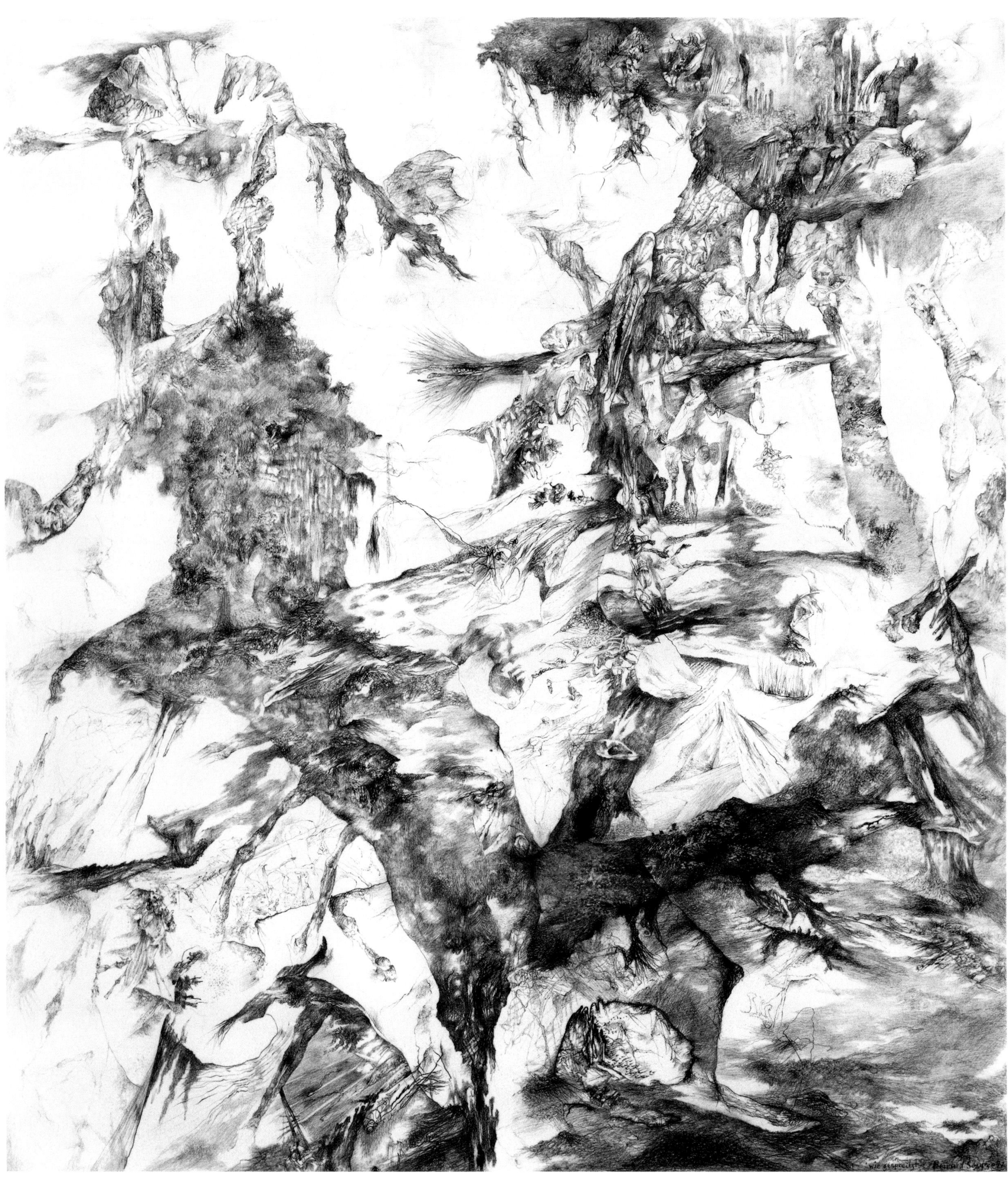

20   wie gespreizt (as if splayed out), 1977

of tones and forms. This has to be right. It is something one of course knows from many years of painting. This »It's right!« is important.«[10] Conscious interventions should be carried out cautiously; one should intervene as little as possible in the flow of associations by controlling or smoothing things out, »so as not to work them down to a mediocre level«.[11] Bernard Schultze's words describe vividly what, in psychoanalysis, is called »secondary process«: regulating functions such as alert thought, attention, control, and judgement. Now it comes down to deciding what can stay and what needs to be revised in the overall context or where a visual accent is required to establish a balance. When Bernard Schultze writes: »Time stands still on tiptoe«,[12] or when »steaming little sand trees on the tongue«[13] appear before our mind's eye, then the reader or viewer gets an inkling of the fragile equilibrium the artist's works maintain. They are snapshots of the ephemeral, of the »essential« elusiveness of our »id«, the parts of us that are generally unconscious. Thus his creations are closely related to his—and our—dreams.

Reactions to the creative process

When asking yourself or friends about dreams, you encounter major differences. Some are able to give an extensive account, while others remember only fragments, and many do not remember having recently dreamt anything at all. It has long been known that all human beings dream night after night and that this is important both for processing day-time impressions and for staying healthy in general. Still, not everyone wants—or is obliged—to turn their attention to those night-time processes, which mostly take place unconsciously. Nor is anyone obliged to turn to the works of Bernard Schultze. This is where people's opinions differ. While some admire the entire œuvre or individual paintings, others distance themselves. The artworks are too labyrinthine and rampant for their taste. The creative results may be convincing, but they do not have to be to everybody's liking. »The shattered shells of a conversation with oneself«, the discontinuities and ruptures, the rapid shift of forms, the rash

etwas nach allen Seiten hin, füllt die Leinwand. Das Einzige, was ich kontrolliere, ist die Balance der Klänge und Formen. Die muss stimmen. Das weiß man natürlich durch jahrelanges Malen. Dieses: Es stimmt! ist wichtig.«[10] Dabei sollen die bewussten Eingriffe zurückhaltend ausgeführt werden, es soll so wenig wie möglich kontrollierend und glättend in den Fluss der Assoziationen eingegriffen werden »um sie nicht auf ein Durchschnittsniveau herabzuarbeiten.«[11] Bernard Schultze beschreibt damit anschaulich, was in der Psychoanalyse als der »Sekundärvorgang« beschrieben wird, als regulierende Funktionen wie das wache Denken, Aufmerksamkeit, Kontrolle und Urteilsvermögen. Nun kommt es darauf an zu entscheiden, was stehen bleiben kann, was einer Korrektur im Gesamtzusammenhang bedarf, wo ein bildnerischer Akzent gesetzt werden muss, um eine Balance herzustellen. Wenn Bernard Schultze schreibt: »Die Zeit steht still auf den Zehenspitzen«[12] oder »dampfende Sandbäumchen auf der Zunge«[13] vor unserem geistigen Auge aufscheinen lässt, dann bekommt der Leser oder Betrachter eine Ahnung von dem fragilen Gleichgewicht, in dem sich die Werke des Künstlers bewegen. Es sind Momentaufnahmen des Flüchtigen, des »eigentlich« Unfassbaren unseres Es, unserer gemeinhin unbewussten Anteile. So sind seine Schöpfungen seinen, sind unseren Träumen eng verwandt.

Reaktionen auf den kreativen Prozess

Wer sich selbst und Freunde oder Bekannte nach Träumen befragt, erfährt von großen Unterschieden. Während die einen ausführlich zu berichten wissen, erinnern andere nur Bruchstücke, und viele können sich überhaupt nicht erinnern, in letzter Zeit geträumt zu haben. Zwar wissen wir längst, dass alle Menschen Nacht für Nacht träumen und dies für die Verarbeitung von Tageseindrücken sowie für unsere Gesunderhaltung insgesamt wichtig ist – aber nicht jeder will und muss sich diesen nächtlichen, weitestgehend unbewusst ablaufenden Prozessen zuwenden. Und niemand muss sich den Werken von Bernard Schultze zuwenden. Hier scheiden sich die Geister. Während die einen das Gesamtwerk oder einzelne Bilder daraus bewundern, gehen andere auf Distanz. Die Kunstwerke sind ihnen zu labyrinthischwuchernd. Die bildnerischen Ergebnisse mögen überzeugen – sie müssen aber nicht gefallen. »Die zerschlagenen Schalen eines Gesprächs mit sich selbst«, die Diskontinuitäten und

10 Ibid.
11 Schultze 1995 (as in n. 2), p. 21.
12 Schultze 1966 (as in n. 1), p. 30.
13 Ibid., p. 28.

10 Ebd.
11 Schultze 1995 (wie Anm. 2), S. 21.
12 Schultze 1966 (wie Anm. 1), S. 30.
13 Ebd., S. 28.

Brüche, der schnelle Wechsel der Formen, das hastige Voranpreschen der Assoziationen – sie können nicht von jedem ausgehalten, gar genossen werden. Wer Klarheit, Ordnung und Orientierung bevorzugt, kann sich in den Bildern von Bernard Schultze geradezu verlieren. Nicht jeder mag sich einlassen auf die Notate unbewusster, fließender, Haken schlagender Prozesse ohne Punkt und Komma, »wenn aus offenem Maul kriecht das Wort / von wehenden Kommas verdeckt.«

Neben den mehr formalen Aspekten sind auch die Inhalte der Bilderwelt bei Bernard Schultze zu beachten. Das ständige Gleiten von Bedeutungen, das Denken in Gegensätzen, wie es für die Arbeitsweise des Es (»Primärvorgang«) und unbewusster Prozesse ganz allgemein typisch ist, hat einen engen Bezug zu den menschlichen Grundthemen des Werdens (Geburt), Verwandelns (Konflikte, Krisen, Initiationen) und Vergehens (Tod) – und Neubeginn, erneutem Werden etc. Bernard Schultze rührt in seinen Bildern immer wieder an existenzielle Themen unseres Lebens. Dies kann wie eine Ahnung daherkommen, als ein Sprechen »von Geheimem durch Geheimes«,[14] wie Wassily Kandinsky es genannt hat. Dann finden wir Bildtitel wie *Kliwohrn, Crusardak* oder *Obsiit,*[15] zu denen die Internet-Suchmaschine Google keine Ergebnisse anzugeben weiß. Später bezeichnete Schultze seine Geschöpfe als *Migofs,* ein Kunst-Wort, das ihn der Suche nach ständig neuen unverbrauchten Wörtern enthob. Andererseits aber tragen seine Gemälde Titel wie *Leiberkaskaden, Tarantel-Tanz, Der große Trümmer-Migof, Unheilsboten* oder *Symphonische Landschaft nach dem Inferno.*[16] Und *Rosengeschwüre*[17] sind auch nicht jedermanns Sache. »Ich denke an das Moment der Zerstörung, das Infragestellen der scheinbar glücklich machenden Verpackungswelt, was ich in meinen Puppen, als normiertes, manipuliertes Schönheitsideal durch Zerstörung und phantastische Wucherung zu erreichen versuche. Ich verwende dementsprechend Vokabeln des Unrats, Bodensatz, Geschwürbeschreibung, ekelerregende Zustände, die unversehens blühen können.«[18]

Wir können in diesen, die Gefährdungen unserer Existenz ansprechenden Bildern, Skulpturen und Gedichten Nachwirkungen des Zweiten Weltkriegs sehen, an dem Schultze

pressing ahead of associations—not everyone can tolerate this, let alone enjoy it. Those who prefer clarity, order, and orientation can literally get lost in the paintings of Bernard Schultze. Not everyone is willing to get involved in the notations of unconscious, flowing, sidestepping processes without a full stop or a comma; »from an open mouth the world crawls / concealed by wafting commas.«

In addition to the more formal aspects, it is also important to consider the contents of Bernard Schultze's imagery. The constant sliding of meanings, the thinking in opposites, which is typical of the modus operandi of the id (»primary process«) and of unconscious processes in general, are closely related to the fundamental human themes of becoming (birth), transformation (conflicts, crises, initiations), and passing (death), as well as new beginning, again coming into being, etc. Time and again, Bernard Schultze touches on existential themes in his paintings. This can take the form of intimations, of »saying secret things through secret things«,[14] as Wassily Kandinsky put it. Accordingly, we encounter titles of paintings such as *Kliwohrn, Crusardak,* and *Obsiit,*[15] for which a Google search comes up empty. Later on, Schultze called his creations *Migofs,* a word that he invented to relieve himself of having to constantly search for new words that are not worn out. On the other hand his paintings have titles such as *Leiberkaskaden* (Cascades of Bodies), *Tarantel-Tanz* (Tarantula Dance), *Der große Trümmer-Migof* (The Great Detritus Migof), *Unheilsboten* (Harbingers of Bad Luck), and *Symphonische Landschaft nach dem Inferno* (Symphonic Landscape after the Inferno).[16] Nor are *Rosengeschwüre* (Rose Ulcers)[17] everyone's cup of tea. »I think of the moment of destruction, of questioning the seemingly satisfying world of packaging, what I try to achieve in my dolls, as a normed, manipulated ideal of beauty, through destruction and fantastic proliferation. Accordingly, I use words suggesting muck, sediment, ulcer definition, disgusting conditions that can unexpectedly bloom.«[18]

It is possible to see repercussions of World War II in these paintings, sculptures, and poems that address the hazards of our existence. For six years Schultze took part in it as a soldier.

14 Wassily Kandinsky in einem Text, den er dem Katalog der zweiten Ausstellung der Neuen Künstlervereinigung München 1910 beigab.
15 Bildtitel Abb. Nr. 44, 48, 49 in: Romain, Lothar und Rolf Wedewer: *Bernard Schultze,* München 1991.
16 Ebd., Abb. Nr. 111, 121, 123, 124, 153.
17 *Begegnung mit Bernard Schultze,* bearb. von Jochen Wurl, Ausst.-Kat. Galerie Hans Strelow, Düsseldorf, Hannover 1990, S. 47.
18 Schultze 1995 (wie Anm. 2), S. 21.

14 Wassily Kandinsky in a text he contributed to the catalogue of the second exhibition of the Neue Künstlervereinigung München in 1910.
15 Titles of paintings figs. 44, 48, 49 in Romain, Lothar and Rolf Wedewer: *Bernard Schultze,* Munich 1991.
16 Ibid., figs. 111, 121, 123, 124, 153.
17 *Begegnung mit Bernard Schultze*, ed. by Jochen Wurl, exh. cat., Galerie Hans Strelow, Düsseldorf, Hannover 1990, p. 47.
18 Schultze 1995 (as in n. 2), p. 21.

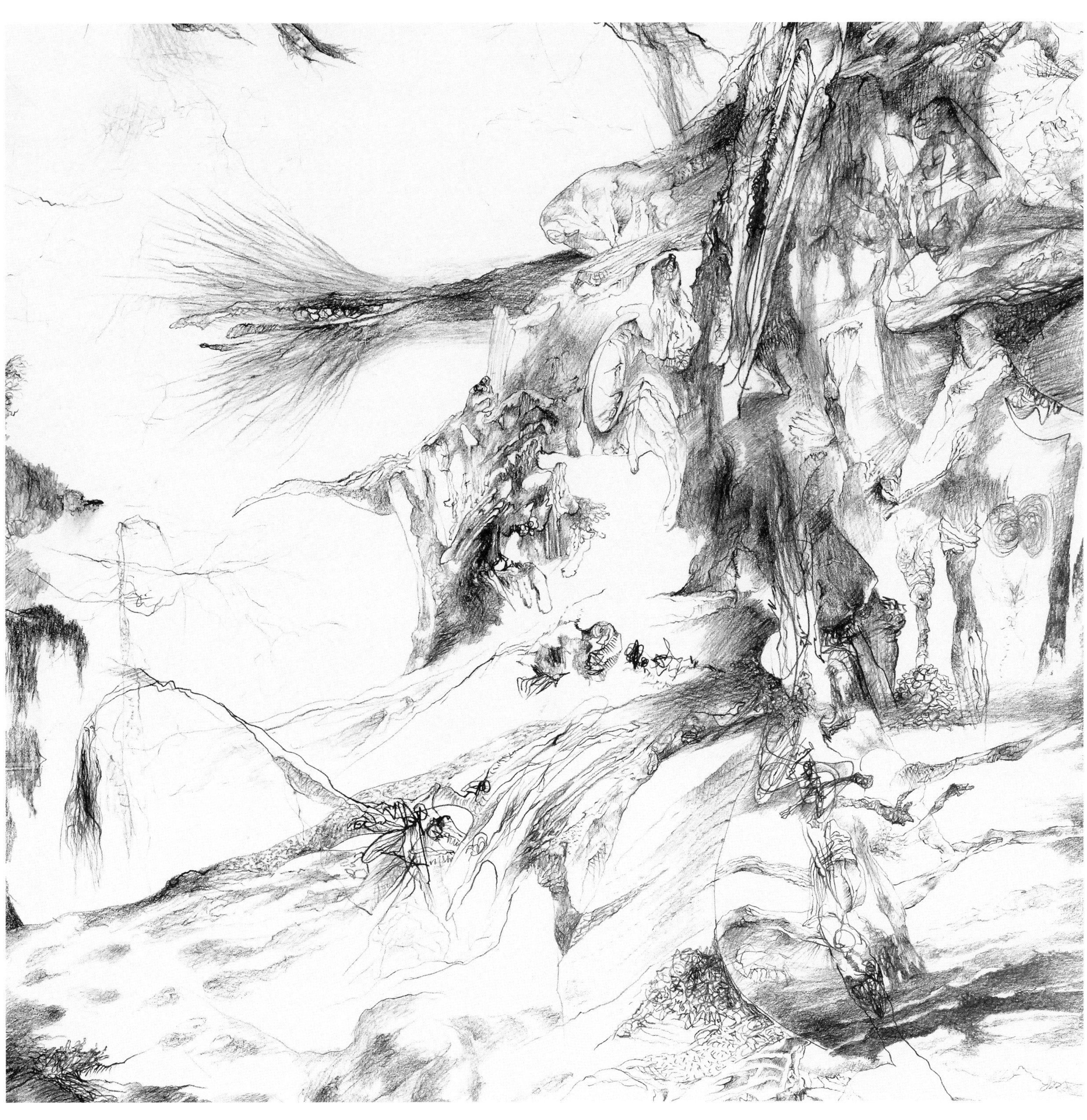

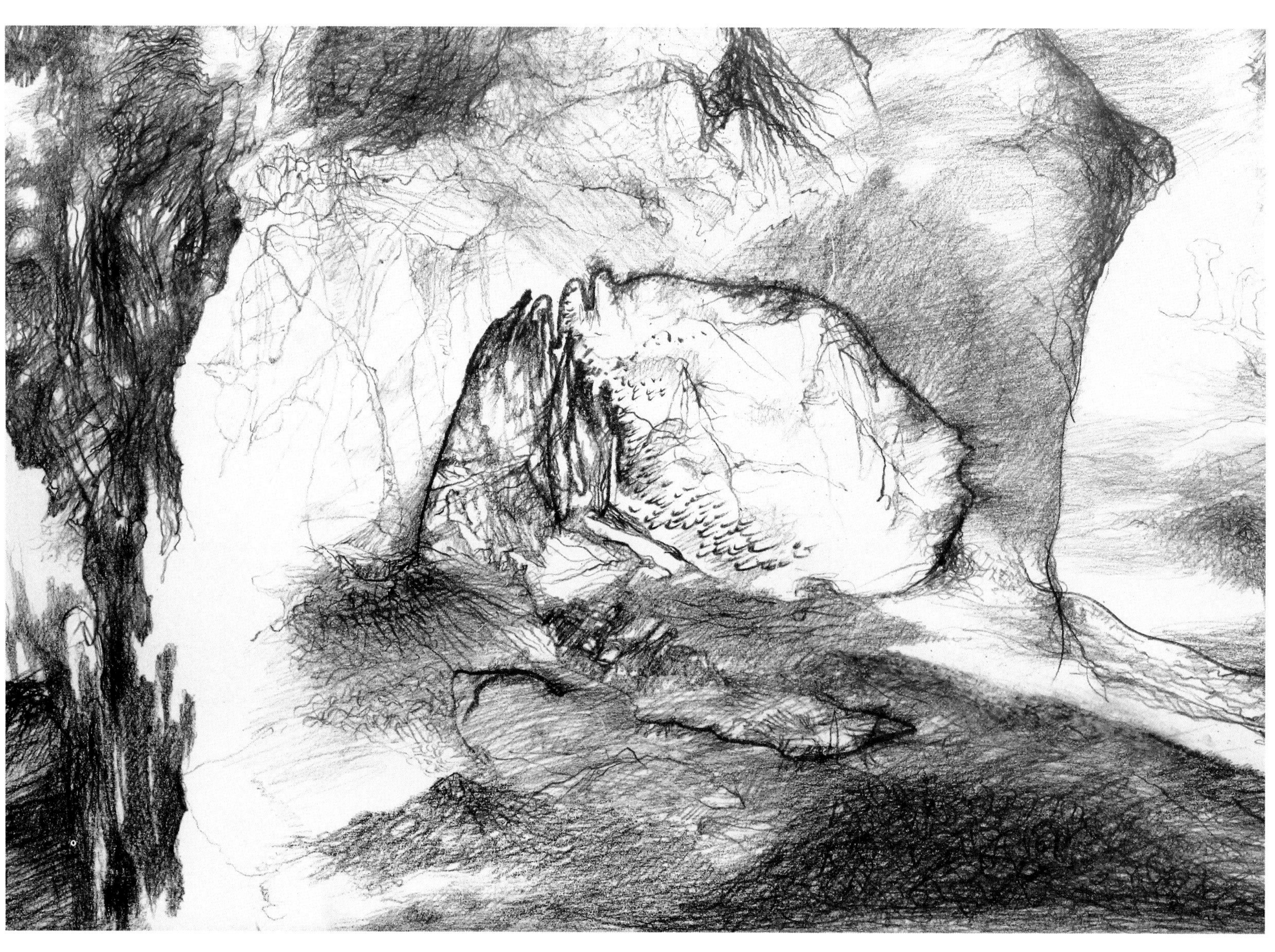

24   wie gespreizt (as if splayed out), Detail / detail, 1977

They are about decomposition and decay, withering and putrefaction. Death is as close as »cheerfulness after the calamity.«[19] When we met, Bernard Schultze recounted in this context a discussion he had had with Otto Piene, the co-founder of the ZERO artist group: why he, Schultze, often painted such dark paintings, while Piene, who was born more than a decade later (1928–2014), had devoted himself to light, the sky. Piene answered: »You and your generation, you have been lying face down in the muck, experiencing the war. We started making art only after the war. You have the brown, earthy tones; we have the light.«[20]

Of course, there are also cheerful, buoyant works by Bernard Schultze—very often, though, he moves in an associative realm that, atmospherically, is familiar to us as »dark romanticism«[21] or from the imagery of, say, James Ensor or the early Alfred Kubin. People are divided about the works of these artists, too.

Looking Back

It was probably in 2001 when I paid my last visit to Bernard Schultze along with my wife. By then well advanced in age yet still working tirelessly, the artist received us in his studio on Riehler Strasse in Cologne. He was sitting at his easel and going about his work. We felt awkward bursting in while he was in the midst of working, but he reassured us: »No, no, you are not disrupting anything at all. After all, I do not want to focus on painting. Distraction is just right.«[22] Moving his hand casually, he painted what was welling up inside him, from time to time casting a brief critical glance at what he had painted, only to once again abandon himself to the flow of painterly ideas. All the while he was talking not only to us, but also to the other people that were present in the room.

This scene has stuck in my mind. It is characteristic both of the specific features of Schultze's creative process and of the results of his involvement with the id.

sechs Jahre als Soldat teilnahm. Es geht um Fäulnis und Zerfall, Verblühen und Verwesung. Der Tod ist ebenso nah wie eine »Heiterkeit nach der Katastrophe«.[19] In diesem Zusammenhang berichtete Bernard Schultze in einem unserer Treffen einmal von einem Gespräch mit Otto Piene, dem Mitbegründer von ZERO. Wieso er, Schultze, oft so dunkle Bilder male und Piene, der mehr als ein Jahrzehnt später geborene (1928–2014), sich dem Licht, dem Himmel verschrieben habe, lautete die Frage. Piene habe geantwortet: »Du und Deine Generation, ihr habt doch mit der Schnauze im Dreck gelegen, den Krieg mitgemacht. Wir haben erst nach dem Krieg mit unserer Kunst angefangen. Du hast die braunen, erdigen Farbtöne, wir das Licht.«[20]

Natürlich gibt es auch heitere, beschwingte Werke bei Bernard Schultze, doch sehr häufig bewegt er sich in einem assoziativen Umfeld, das wir von der Stimmung her als »schwarze Romantik«[21] kennen oder als Bilderwelt bei James Ensor oder dem frühen Alfred Kubin. Auch an den Bildern dieser Künstler scheiden sich die Geister.

Rückblick

Es wird im Jahre 2001 gewesen sein, als ich Bernard Schultze zum letzten Mal zusammen mit meiner Frau besuchte. Der inzwischen hoch betagte, aber unermüdlich arbeitende Künstler empfing uns in seinem Atelier in der Riehler Straße in Köln. Er saß an seiner Staffelei und arbeitete. Mitten in seinen Arbeitsprozess hineinzuplatzen, war uns zunächst unangenehm – aber er beruhigte uns: »Nein, nein, Sie stören überhaupt nicht. Ich will mich ja gar nicht auf das Malen konzentrieren. Ablenkung ist genau richtig.«[22] Er malte mit lockerer Hand, was ihn ihm aufstieg, zwischendurch das Gemalte kurz kritisch betrachtend, um sich dann gleich wieder dem Fluss der malerischen Einfälle zu überlassen. Bei all dem unterhielt er sich nicht nur mit uns, sondern auch noch mit den anderen im Raum Anwesenden.

Diese Szene ist mir im Gedächtnis geblieben. Sie ist ebenso kennzeichnend für die besonderen Aspekte des kreativen Prozesses bei Bernard Schultze wie auch für die Ergebnisse seiner Einlassungen mit dem Es.

19 Kraft, Hartmut: *Dialoge mit Joseph Beuys, Rolf Escher, Klaus Fußmann, Rolf Iseli, Axel Knopp, Dieter Roth, Reiner Ruthenbeck, Bernard Schultze, Ursula,* Cologne 1977, n. p.
20 Written down in direct speech as remembered from the conversation.
21 *Die schwarze Romantik. Von Goya bis Max Ernst,* ed. by Felix Krämer, exh. cat., Städelsches Kunstinstitut and Städtische Galerie, Frankfurt am Main 2012/13, Ostfildern 2012.
22 Written down in direct speech as remembered from the conversation.

19 Kraft, Hartmut: *Dialoge mit Joseph Beuys, Rolf Escher, Klaus Fußmann, Rolf Iseli, Axel Knopp, Dieter Roth, Reiner Ruthenbeck, Bernard Schultze, Ursula,* Köln 1977, o. S.
20 Aus der Erinnerung an das Gespräch in wörtlicher Rede niedergeschrieben.
21 *Die schwarze Romantik. Von Goya bis Max Ernst,* hrsg. von Felix Krämer, Ausst.-Kat. Städelsches Kunstinstitut und Städtische Galerie, Frankfurt am Main 2012/13, Ostfildern 2012.
22 Aus der Erinnerung an das Gespräch in wörtlicher Rede niedergeschrieben.

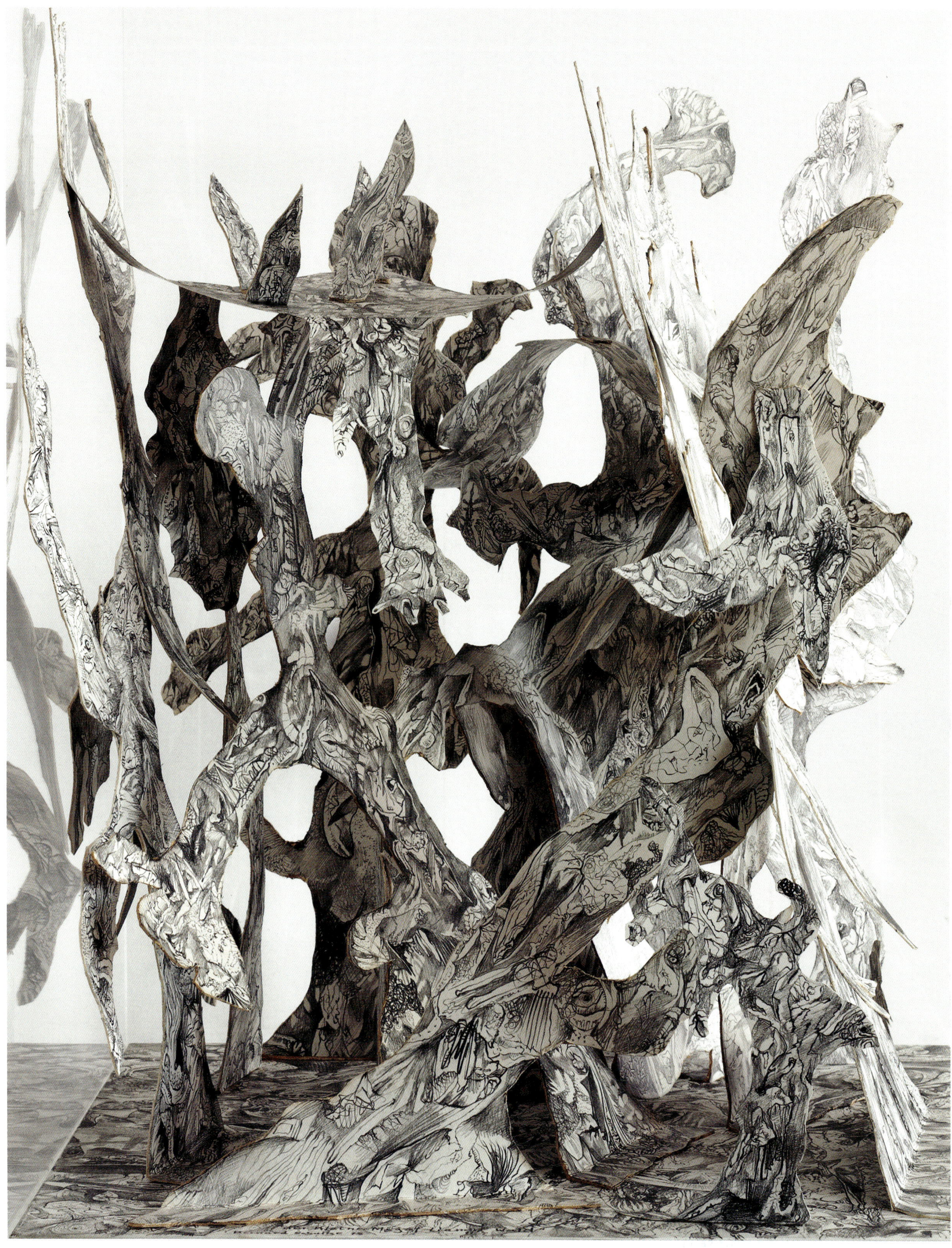

26   Der kleine Migof-Lianen-Wald (The Small Migof Liana Forest), Detail / detail, 1975

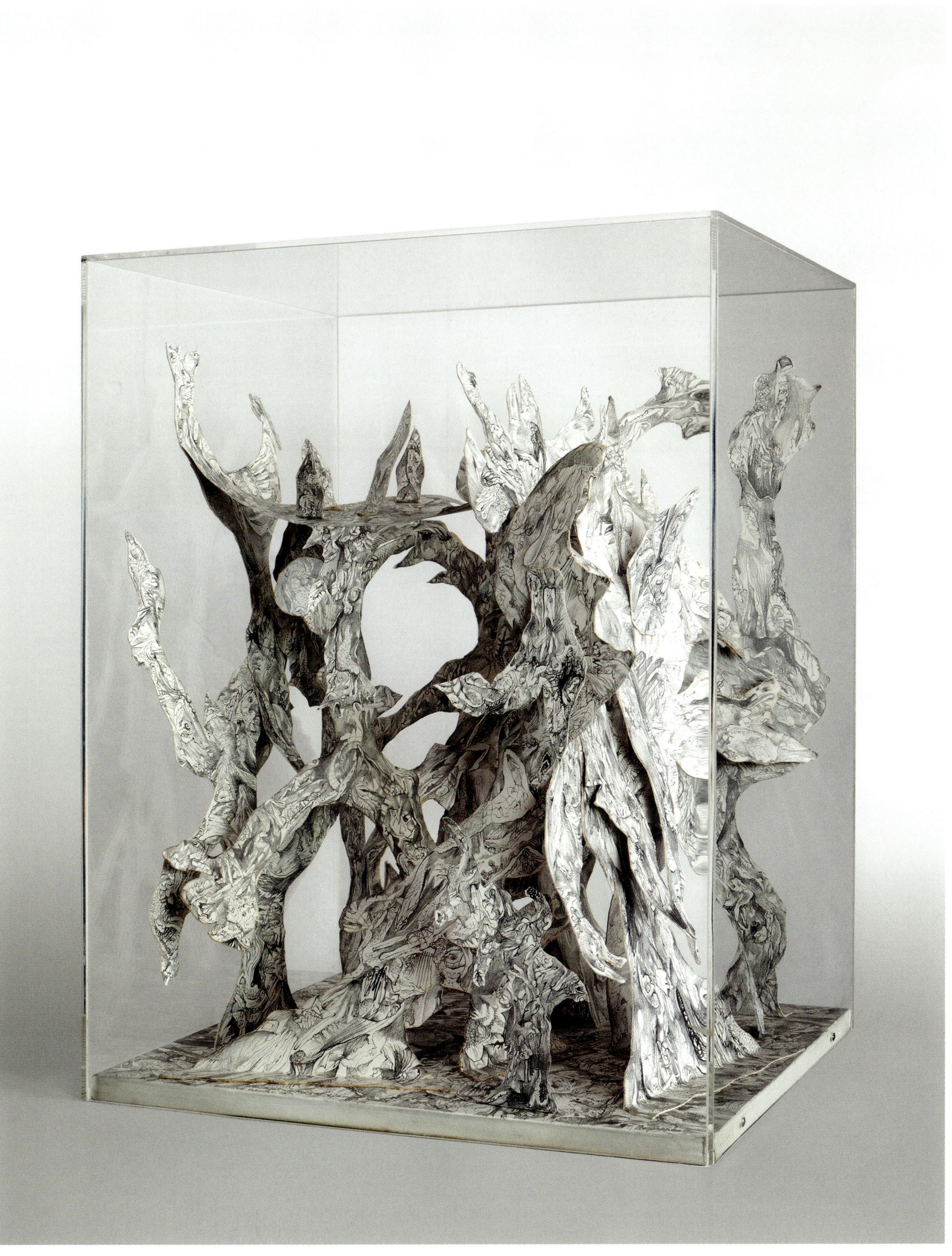

Der kleine Migof-Lianen-Wald (The Small Migof Liana Forest), 1975   27

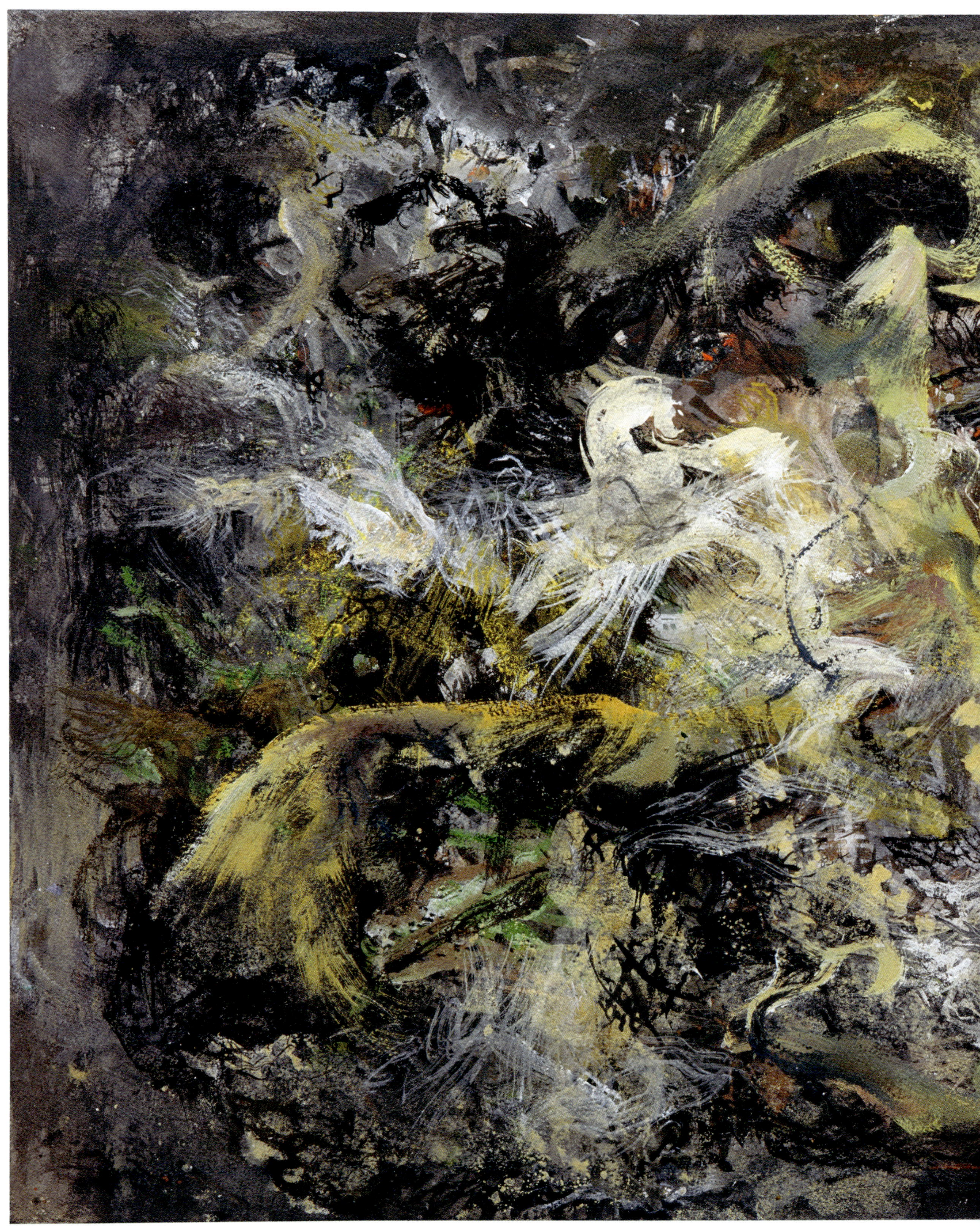

    Komposition 54 (Composition 54), 1954

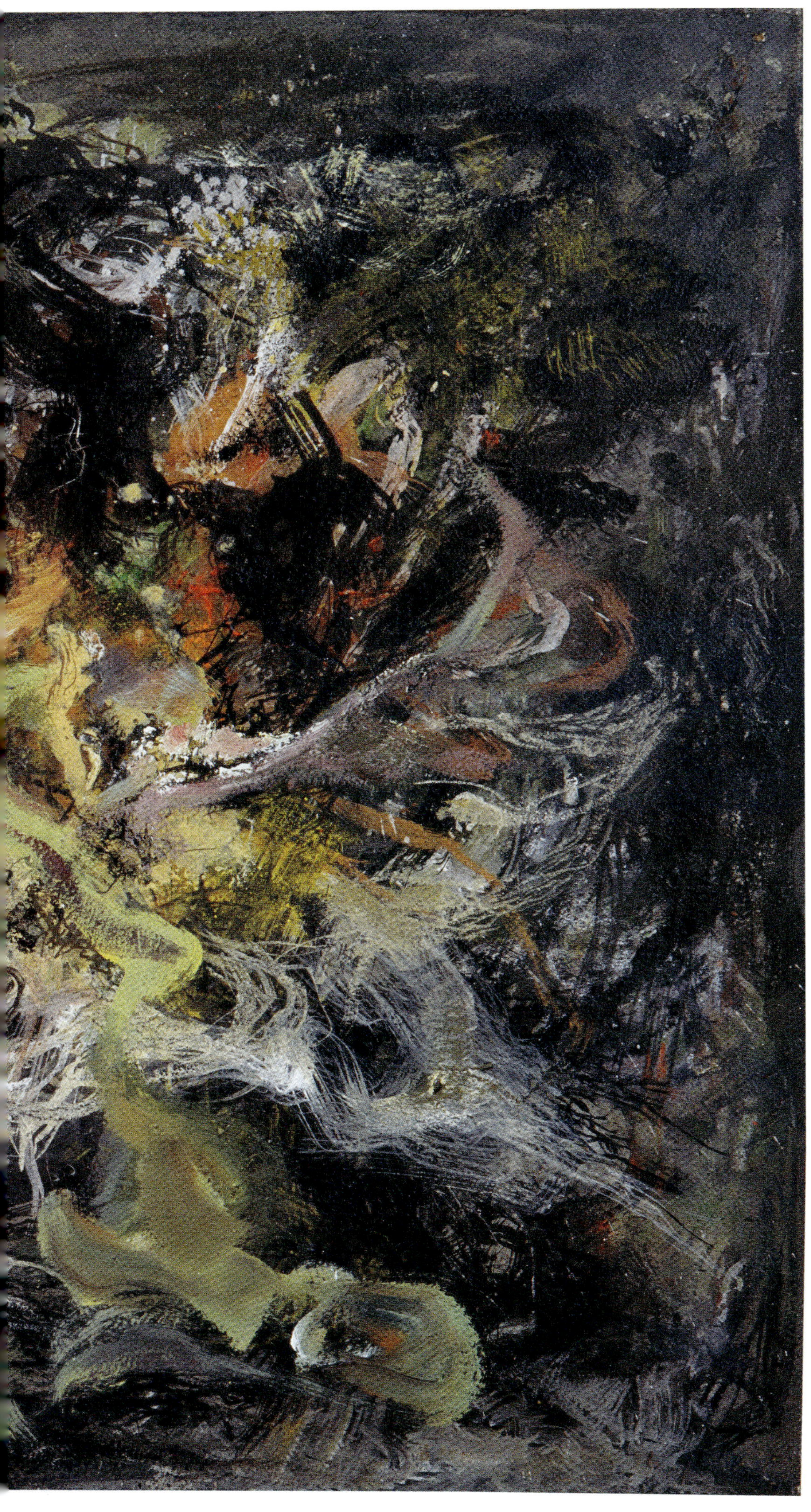

K. O. Götz

Für Bernard Schultze
For Bernard Schultze

Bernard Schultze, Heinz Kreutz und Otto Greis lernte ich Anfang des Jahres 1950 kennen. Um die Suche nach einer Wohnung zu erleichtern, hatte ich mir ein Zimmer in der Metzlerstraße 35 in Frankfurt am Main gemietet, weil ich die Absicht hatte, mit meiner Familie von Königsförde in diese Stadt zu ziehen.

Ab September 1950 war es dann so weit, meine erste Frau mit den Kindern und ich wohnten in Frankfurt zur Untermiete in einem Zimmer unter dem Dach in der Schleidenstraße 26. Das Zimmer war Wohnraum, Atelier und Redaktion zugleich. Letzteres erinnert daran, dass ich von 1949 bis 1953 eine kleine Zeitschrift *META* für Kunst und Dichtung in zehn Ausgaben herausgegeben habe.

Seit ich fest in Frankfurt wohnte, besuchte ich Bernard Schultze regelmäßig weit draußen am Ende der Eschersheimer Landstraße, wobei ich meistens zu Fuß ging, um das Geld für die Straßenbahn zu sparen. Anfangs war er noch nicht verheiratet und wohnte dort bei seinem Vater. In einem sehr kleinen Atelier malte er damals experimentelle Bilder in kleinem Format. Mich interessierten diese Arbeiten. Man konnte sich gut mit ihm darüber verständigen, weil wir in jener Zeit künstlerisch ähnliche Ziele verfolgten: Wir suchten nach Kubismus, Expressionismus, Surrealismus und nach dem Verbot einer experimentellen Kunstentwicklung in der Nazizeit nach neuen Formen in der Malerei. Ich hatte bereits durch meine Paris-Aufenthalte ab 1950 den Surrealismus und die neuesten Entwicklungen in der Malerei, Hans Hartung (1904–1989), Jean Fautrier (1898–1964) und Wols (1913–1951), in Paris kennengelernt. Meine Besuche jedoch jede Woche bei Bernard Schultze waren für mich und unsere Besuche im Amerika Haus in Frankfurt für uns zusätzlich eine große Bereicherung und Stimulanz, weil dort in amerikanischen Kunstzeitschriften, in *Art and Architecture, Art News* und *Art Digest* Konzeptionen von Malerei gezeigt wurden, die für mich, besonders aber auch für Schultze ungewöhnlich, anregend und atemberaubend waren. Es ging dabei um die Malerei des abstrakten Expressionismus und das Action Painting, die in den 1940er-Jahren in den USA entwickelt worden waren. Obwohl ihre Arbeiten zügig in den führenden Kunstzeitschriften abgebildet worden waren und ihre Arbeiten gehandelt wurden, konnten die Maler und Malerinnen des abstrakten Expressionismus dort nicht von ihrer Malerei leben.

I met Bernard Schultze, Heinz Kreutz, and Otto Greis at the beginning of 1950. To facilitate the search for an apartment, I had rented a room at Metzlerstrasse 35 in Frankfurt am Main, as I was planning to move there with my family from Königsförde.

By September 1950 things had worked out as planned: my first wife, the children and I were living in Frankfurt in a sublet attic room at Schleidenstrasse 26. The room served as a living room, studio, and editorial department all at the same time—the latter because from 1949 until 1953 I published ten issues of a small art and poetry magazine called *META*.

Since settling in Frankfurt I visited Bernard Schultze regularly, who lived at the far end of Eschersheimer Landstrasse, but I usually went on foot to save the money for the tram. At first, he was still unmarried and lived there with his father. He was painting small-scale experimental paintings in a tiny studio. I found those works interesting. It was easy for me to discuss them with him, because at that time we were pursuing very similar artistic goals: after Cubism, Expressionism, and Surrealism and after the ban on experimental art trends during the Nazi era, we were looking for new forms in painting. I had already been introduced to Surrealism and the most recent developments in painting—Hans Hartung (1904–1989), Jean Fautrier (1898–1964), and Wols (1913–1951)—during my stays in Paris from 1950 on. Yet my weekly visits to Bernard Schultze were an added source of great enrichment and stimulation, as were our joint visits to the Amerika Haus (America House) in Frankfurt, because the American art magazines there—*Art and Architecture, Art News,* and *Art Digest*—featured concepts of painting that to me, and especially to Schultze, were unusual, stimulating, and breathtaking. I am referring to abstract expressionist painting and action painting, which had developed in the U.S. in the 1940s. Although their works were promptly reproduced in leading art magazines and being traded, the painters of Abstract Expressionism in America could not live off their work.

In most cases they were forced to take another job at the beginning of their careers.

At this point I would like to express my gratitude that Bernard Schultze put me in touch with the legendary Zimmergalerie Klaus Franck in the early stages of our friendship. Bernard had lived in Frankfurt since 1947 and had already had several solo shows there.

In 1952/53, the Zimmergalerie Franck presented the famous Quadriga exhibition in which we four Quadriga painters, Otto Greis (1913–2001), K.O. Götz (b.1914), Heinz Kreutz (b.1923), and Bernard Schultze (1915–2005), showed a new form of painting in West Germany for the first time, a form that today we call *informelle Malerei,* or informal painting.

Throughout this early period of our careers the four of us participated in various other major exhibitions as well, such as the 1955 show *Peintures et sculptures non figuratives en Allemagne d'aujourd'hui* at the Cercle Volney in Paris. We also showed our works in three exhibitions in Germany that were important for us: *Couleur Vivante – Lebendige Farbe* at the Museum Wiesbaden under Clemens Weiler; *Eine neue Richtung in der Malerei* (A New Direction in Painting) at the Kunsthalle Mannheim under Heinz Fuchs (both in 1957); and in 1959 our works were included in the *documenta II* in Kassel. Unfortunately, we German informal painters could only show smaller paintings there, because the U.S. artists wanted—and, for space reasons, needed—their huge works to be installed in the larger ground floor galleries. Our paintings, meanwhile, were hung cramped in attic rooms and, at the time of the exhibition opening, so I was told, the light was not even on.

In the early 1950s Bernard met the painter Ursula Bluhm (1921–1999), whom he married in 1955. As a result of this we soon saw less of one another, especially since I spent more and more time in Paris until 1960 and moved to Düsseldorf in 1959. In Paris I was under contract with the Frenchman Daniel Cordier (b.1920) for a few years, who during World War II had been secretary to Jean Moulin, the leader of the French Resistance, and as an art dealer after the war ran the Galerie Daniel Cordier in Paris.

Sie mussten in den meisten Fällen am Anfang ihrer Karriere zusätzlich einer anderen Arbeit nachgehen.

An dieser Stelle hier möchte ich mit Dank erwähnen, dass Bernard Schultze mich in der ersten Zeit unseres Kennenlernens in Verbindung zur legendären Zimmergalerie Klaus Franck gebracht hat. Bernard wohnte seit 1947 in Frankfurt und hatte dort bereits mehrere Einzelausstellungen gehabt.

1952/53 war dann in der Zimmergalerie Franck die berühmte Quadriga-Ausstellung gewesen, bei der wir vier Quadriga-Maler, Otto Greis (1913–2001), K.O. Götz (geb.1914), Heinz Kreutz (geb.1923) und Bernard Schultze (1915–2005) zum ersten Mal in Westdeutschland eine neue Form der Malerei präsentierten, die wir heute informelle Malerei nennen.

Wir haben mit unseren Bildern im Laufe der Anfangszeit unserer Entwicklung noch an verschiedenen wichtigen Ausstellungen gemeinsam teilgenommen, zum Beispiel an der Ausstellung *Peintures et sculptures non figuratives en Allemagne d'aujourd'hui* im Cercle Volney in Paris 1955. Dann nahmen wir mit Arbeiten an drei für uns bedeutsamen Ausstellungen in Deutschland teil. Unter Clemens Weiler im Museum Wiesbaden *Couleur Vivante – Lebendige Farbe;* unter Heinz Fuchs in der Kunsthalle Mannheim *Eine neue Richtung in der Malerei,* beide 1957; und 1959 waren wir mit Werken auf der *documenta II* in Kassel vertreten. Dort konnten wir deutschen Informellen leider nur kleinere Bilder zeigen – weil die US-amerikanischen Künstler mit riesigen Formaten in den größeren Räumen im Erdgeschoss hängen wollten und wegen des Platzes mussten. Unsere Bilder hingegen hingen beengt in Räumen unter dem Dach, und man hat mir erzählt, dass bei der Eröffnung der Ausstellung dort nicht einmal das Licht brannte.

Anfang der 1950er-Jahre lernte Bernard die Malerin Ursula Bluhm (1921–1999) kennen, die er 1955 heiratete. Dieses Ereignis hatte zur Folge, dass unser Kontakt bald abnahm, zumal ich bis 1960 verstärkt in Paris lebte und 1959 nach Düsseldorf gezogen bin. Während meiner Pariser Zeit hatte ich für wenige Jahre einen Vertrag mit dem Franzosen Daniel Cordier (geb.1920), der während des Zweiten Weltkrieges Sekretär des Chefs der Resistance-Bewegung Jean Moulin gewesen war und nach dem Krieg als Kunsthändler die Galerie Daniel Cordier in Paris führte.

Bernard und ich, Ursula Schultze-Bluhm und meine Frau, die Malerin Rissa (geb. 1938), trafen dann noch einmal 1982 für eine kurze Zeit im Saarlandmuseum in Saarbrücken freundschaftlich zusammen, als der Museumsleiter dort, Georg W. Költzsch (1938–2005), ein Symposium für die informelle Kunst in Westdeutschland mit mir, Gerhard Hoehme (1920–1989), K. H. R. Sonderborg (1923–2008), Bernard Schultze und Fred Thieler (1916–1999) veranstaltete. Es wurde gefilmt und 1983 unter dem Titel *Fünf Maler* in der ZDF-Interviewreihe *Zeugen des Jahrhunderts* gesendet.

Nach dem Tode seiner Frau Ursula 1999 besuchte ich Bernard mehrmals in seiner Wohnung am Ebertplatz in Köln. Er war erneut verheiratet mit der charmanten Doris Schultze-Berger (geb. 1938). Wir freuten uns wieder aneinander, zumal der Fernsehredakteur Ludwig Metzger (geb. 1942) in dieser Zeit einen sehr schönen Fernsehfilm von uns beiden machte.

Bernard und ich haben in den 1950er-Jahren zwei unterschiedliche Konzeptionen der gegenstandslosen (informellen) Malerei verfolgt. Meine Malerei war und ist eine Schnell-Malerei geblieben. Sie zeigte ab 1952 keine figurativen Ansätze mehr. Wohingegen Schultze immer ein Langsam-Maler geblieben ist. Seine Bilder können im Gegensatz zu meinen gegenstandslosen Arbeiten semantischen Deutungsmustern unterzogen werden. Ich habe meine meisten Bilder in Schwarz-Weiß gemalt, und er hat vorwiegend mit Primär- und Sekundärfarben gearbeitet. Dabei sind dann von ihm großartige Bilder, ich kann sagen prächtige Bilder, entstanden.

Zu seinen originellen *Migofs,* seiner passiven Arbeitsweise, die Schultze in einem letzten Interview in dem Katalog *Bernard Schultze. Welt im Farbrausch* zur Ausstellung in Sankt Petersburg 2002 hervorgehoben hat, und der Hinwendung zum Vegetabilen in seiner Malerei will ich mich nicht äußern. Diese Vorstellungen erwachsen aus einem ganz privaten Antriebsmuster von Bernard, dessen Geheimnis niemand lüften kann.

Rissa und ich wünschen dieser Ausstellung mit Arbeiten von Bernard Schultze im Arp-Museum viel Aufmerksamkeit und Erfolg.

Januar 2015

Bernard and I, Ursula Schultze-Bluhm, and my wife, the painter Rissa (b. 1938), then had a brief, amicable get-together in 1982 at the Saarlandmuseum in Saarbrücken, when the director of the museum, Georg W. Költzsch (1938–2005), organised a symposium on informal art in West Germany featuring me, Gerhard Hoehme (1920–1989), K. H. R. Sonderborg (1923–2008), Bernard Schultze, and Fred Thieler (1916–1999). The meeting was filmed and broadcast in 1983 as an episode titled *Fünf Maler* (Five Painters) of the interview series *Zeugen des Jahrhunderts* (Witnesses of the Century) on the German TV channel ZDF.

After the death of his wife, Ursula, in 1999 I visited Bernard several times at his apartment on Ebertplatz in Cologne. He had once again entered into the bond of marriage, this time with the charming Doris Schultze-Berger (b. 1938). We again delighted in each other's presence, especially as the TV editor Ludwig Metzger (b. 1942) made a wonderful television film about the two of us during this time.

Bernard and I pursued two different concepts of non-representational (informal) painting in the 1950s. My painting was and has remained fast painting. After 1952 it no longer showed any figurative approaches. Schultze, on the other hand, always remained a slow painter. Unlike my non-representational works, his paintings can be subjected to semantic patterns of interpretation. I painted most of my works in black and white; he worked predominantly with primary and secondary colours, in the process creating great and, I dare say, magnificent paintings.

His novel *Migofs,* his passive working method—which Schultze emphasised in a final interview in the catalogue *Bernard Schultze: Welt im Farbrausch* accompanying his 2002 exhibition in Saint Petersburg—and the turn to the vegetative in his painting are issues I will not discuss. These ideas arise from Bernard's very private impulse patterns whose secrets no one can reveal.

Rissa and I hope this Bernard Schultze exhibition at the Arp Museum will draw major attention and be a resounding success.

January 2015

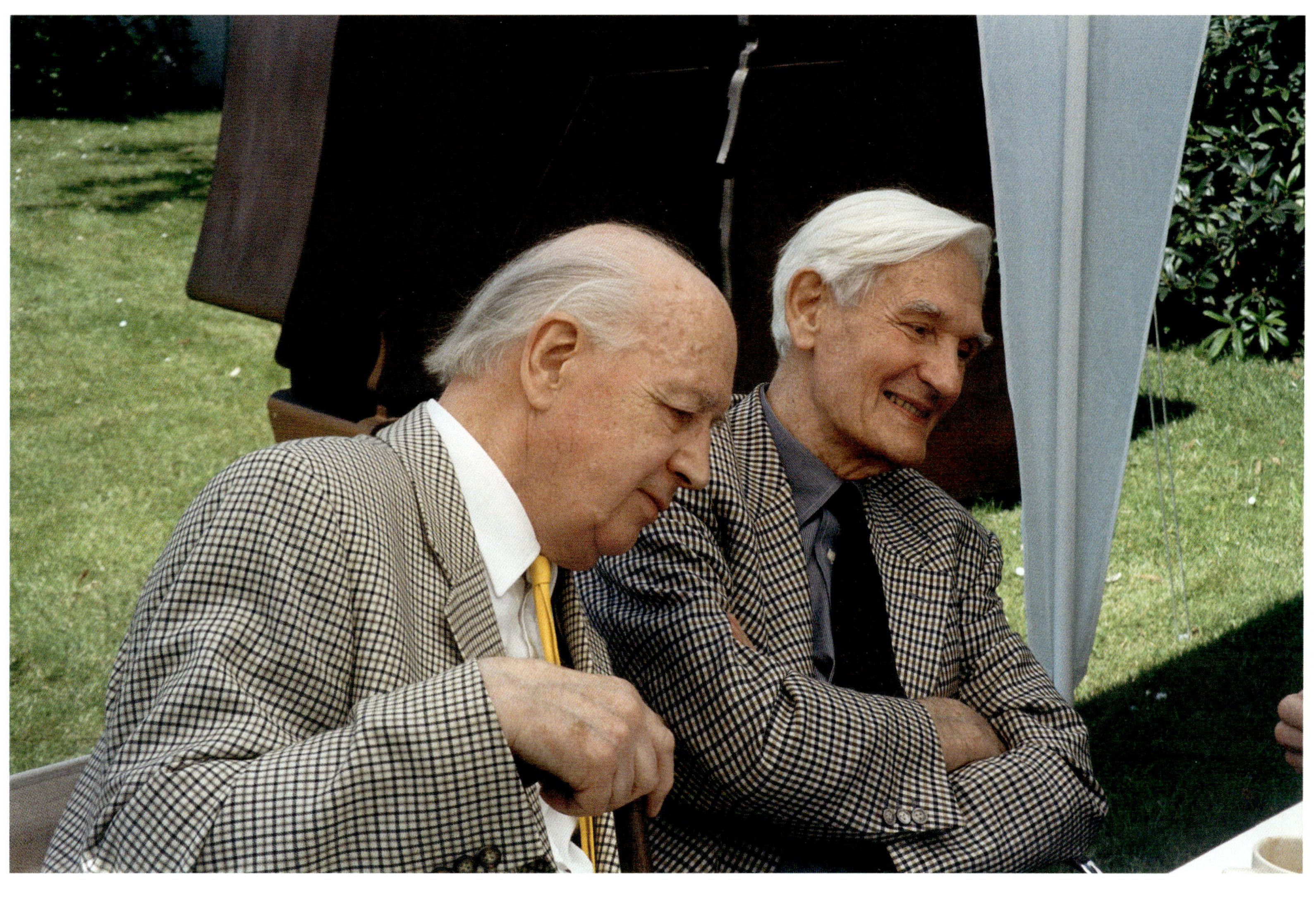

K.O. Götz und / and Bernard Schultze, 2000

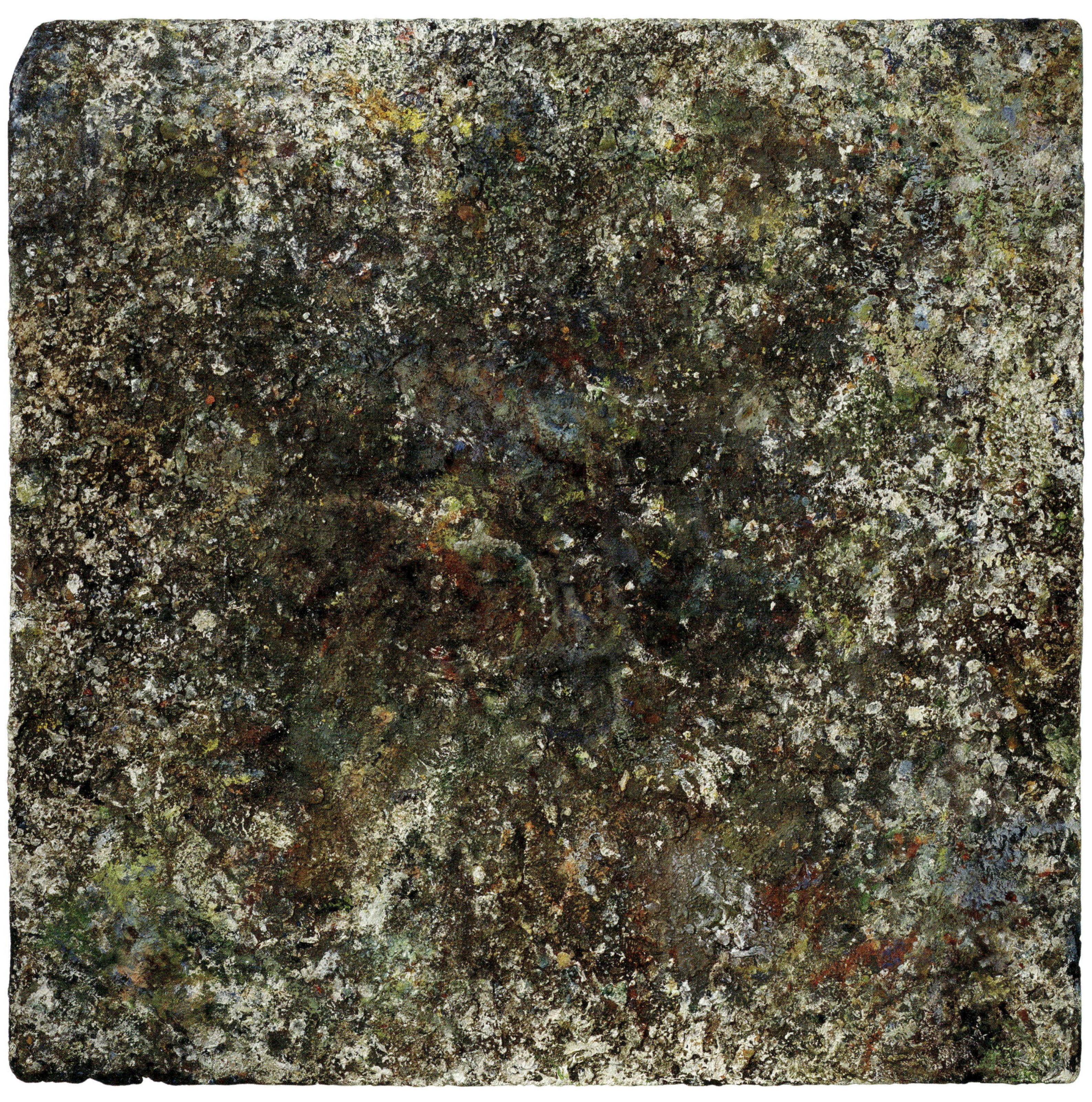

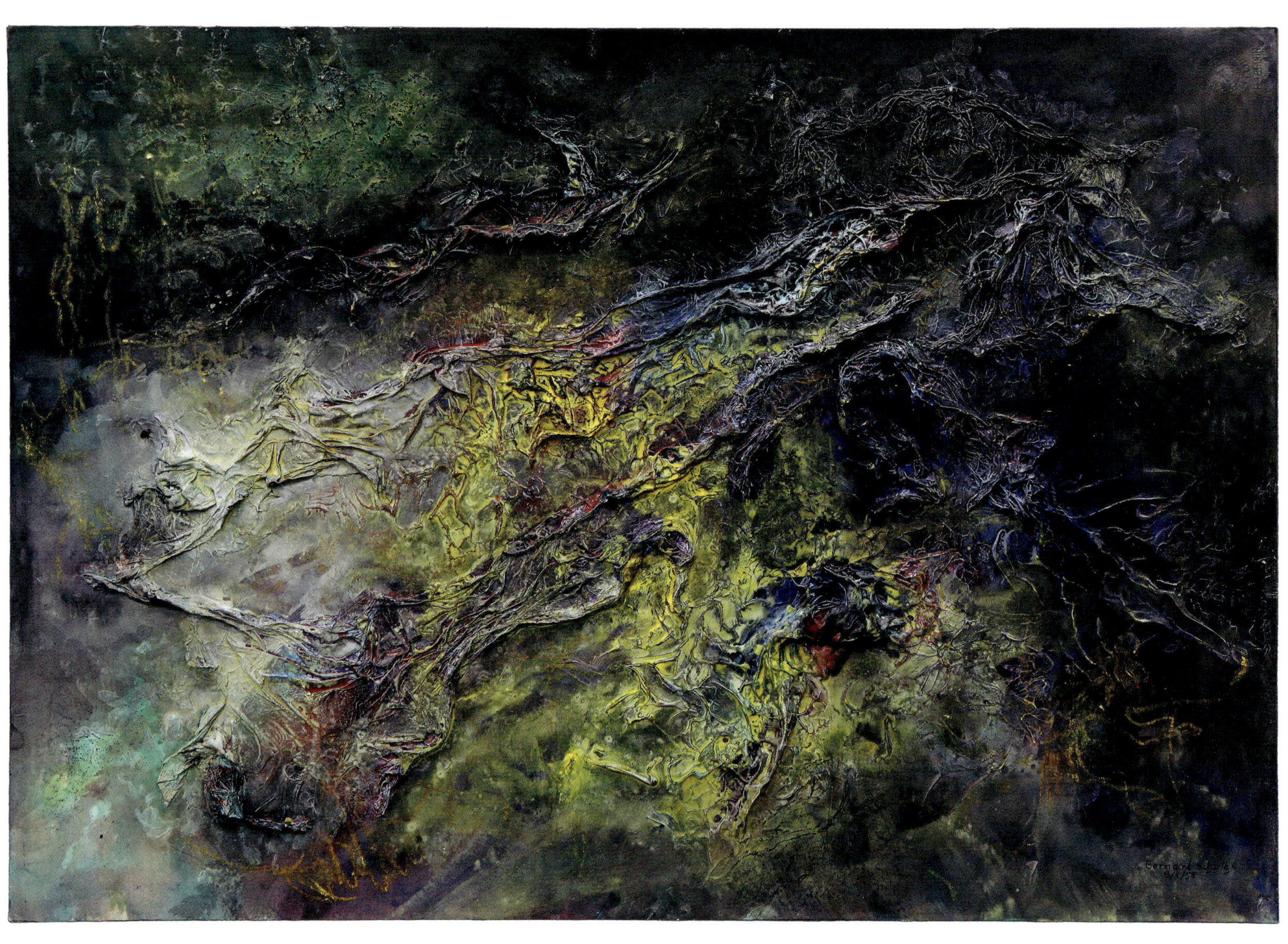

36   Ohne Titel (Untitled), 1958

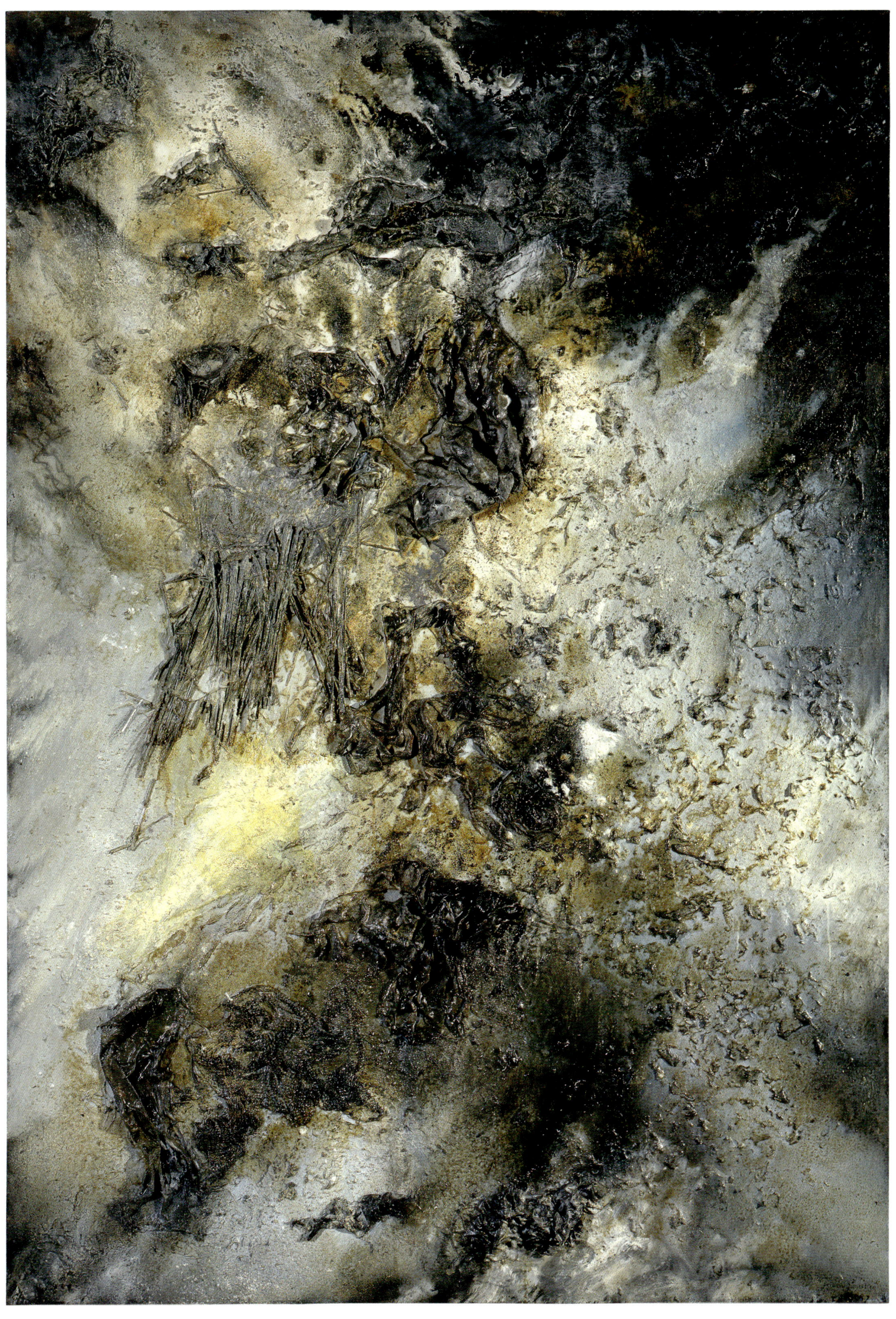

Weiß und Grau (White and Grey), 1957/58

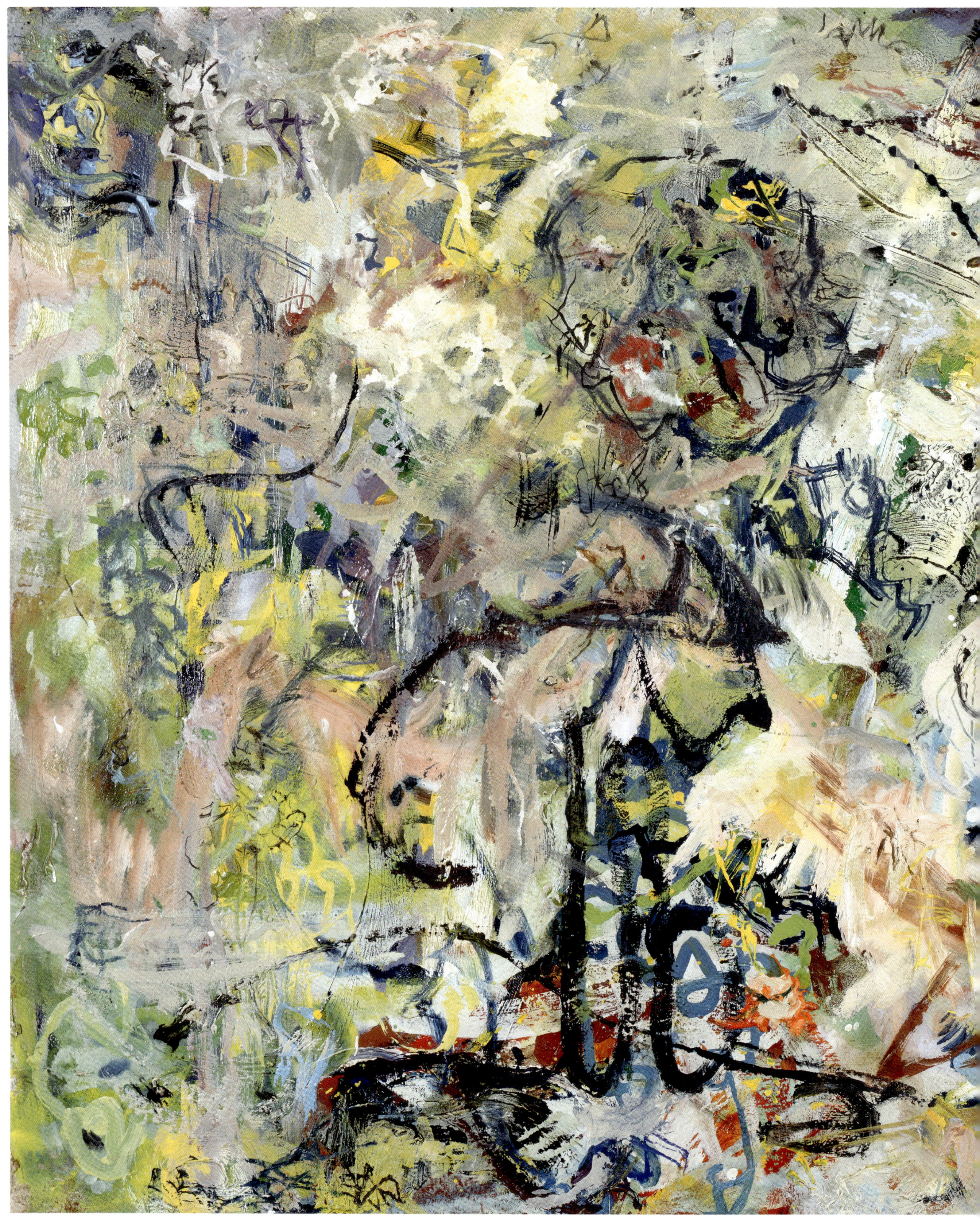

38   Wege durch Blühendes I (Paths through Blooms I), 1952

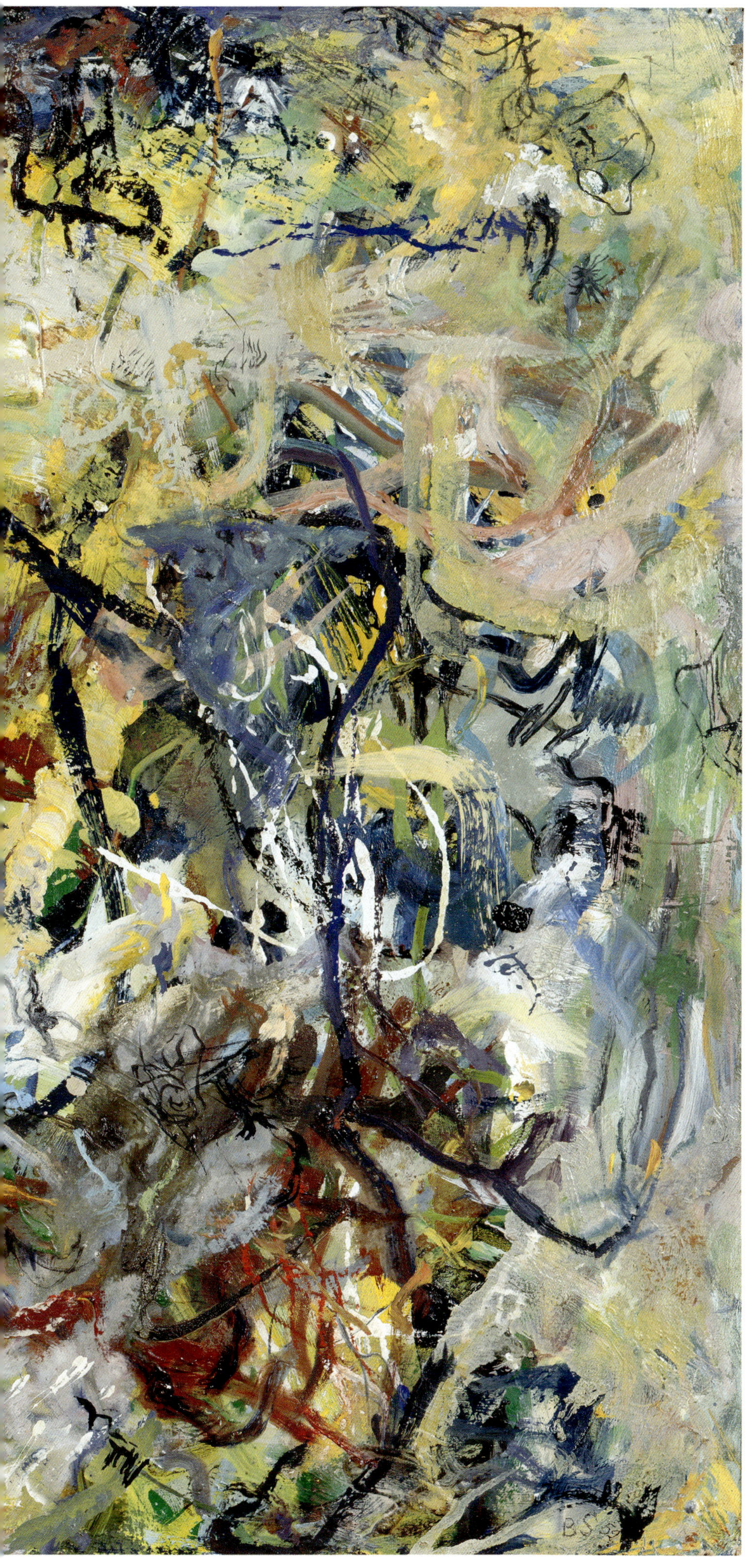

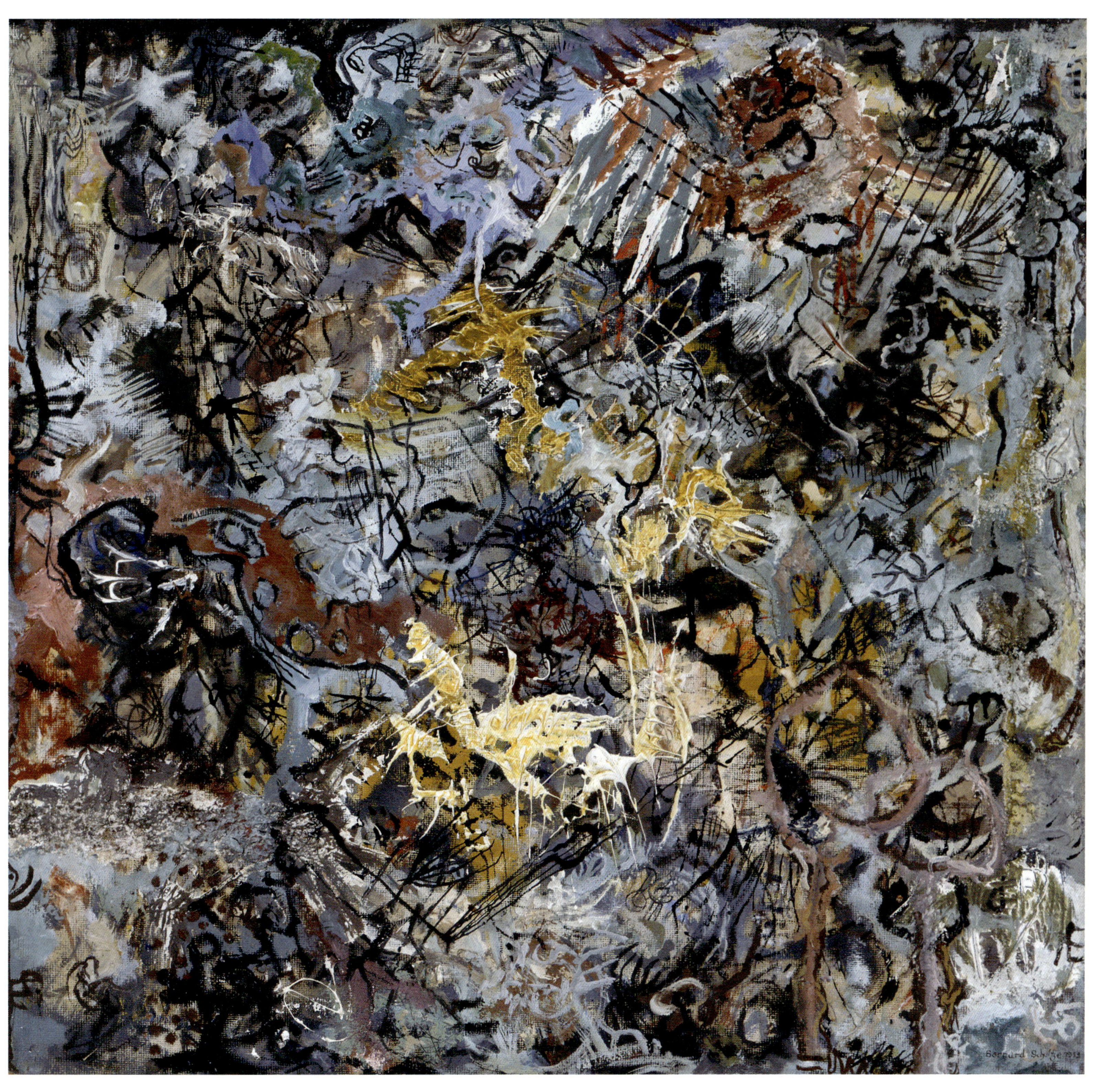

Insektenwelt (Insect World), 1952   41

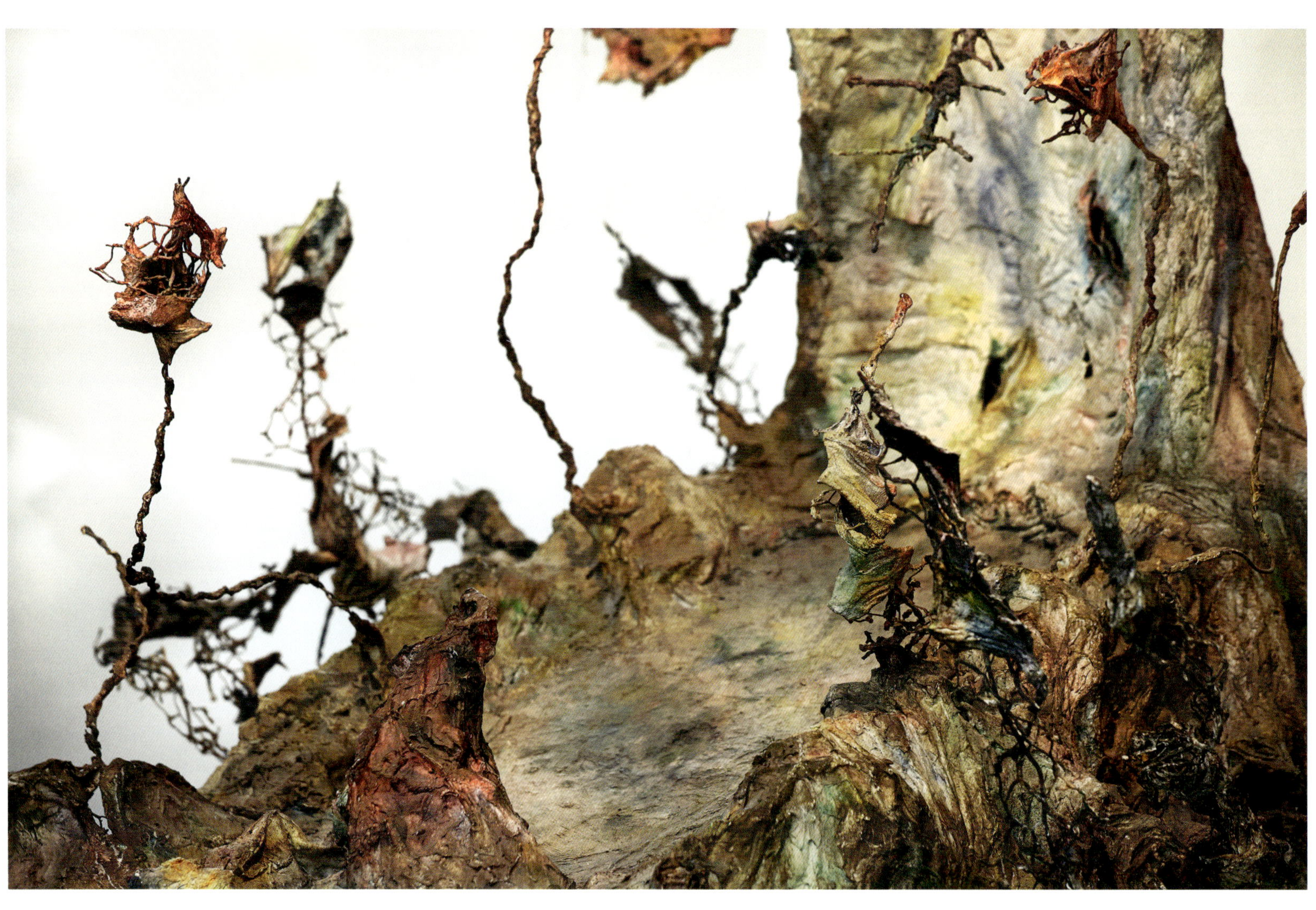

42   Malone Mémorialiste (Malone Memoirist), Detail / detail, 1961

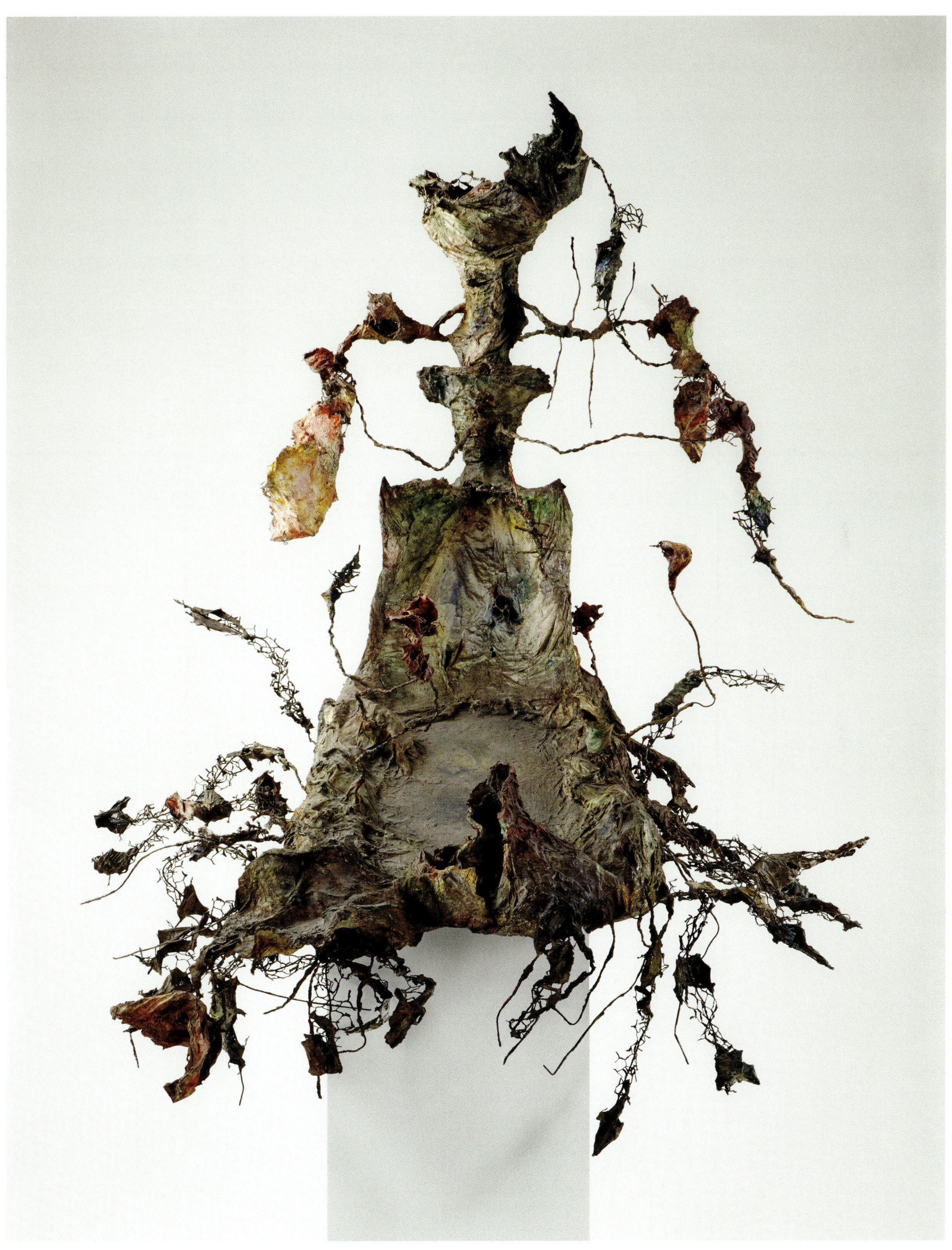

Malone Mémorialiste (Malone Memoirist), 1961   43

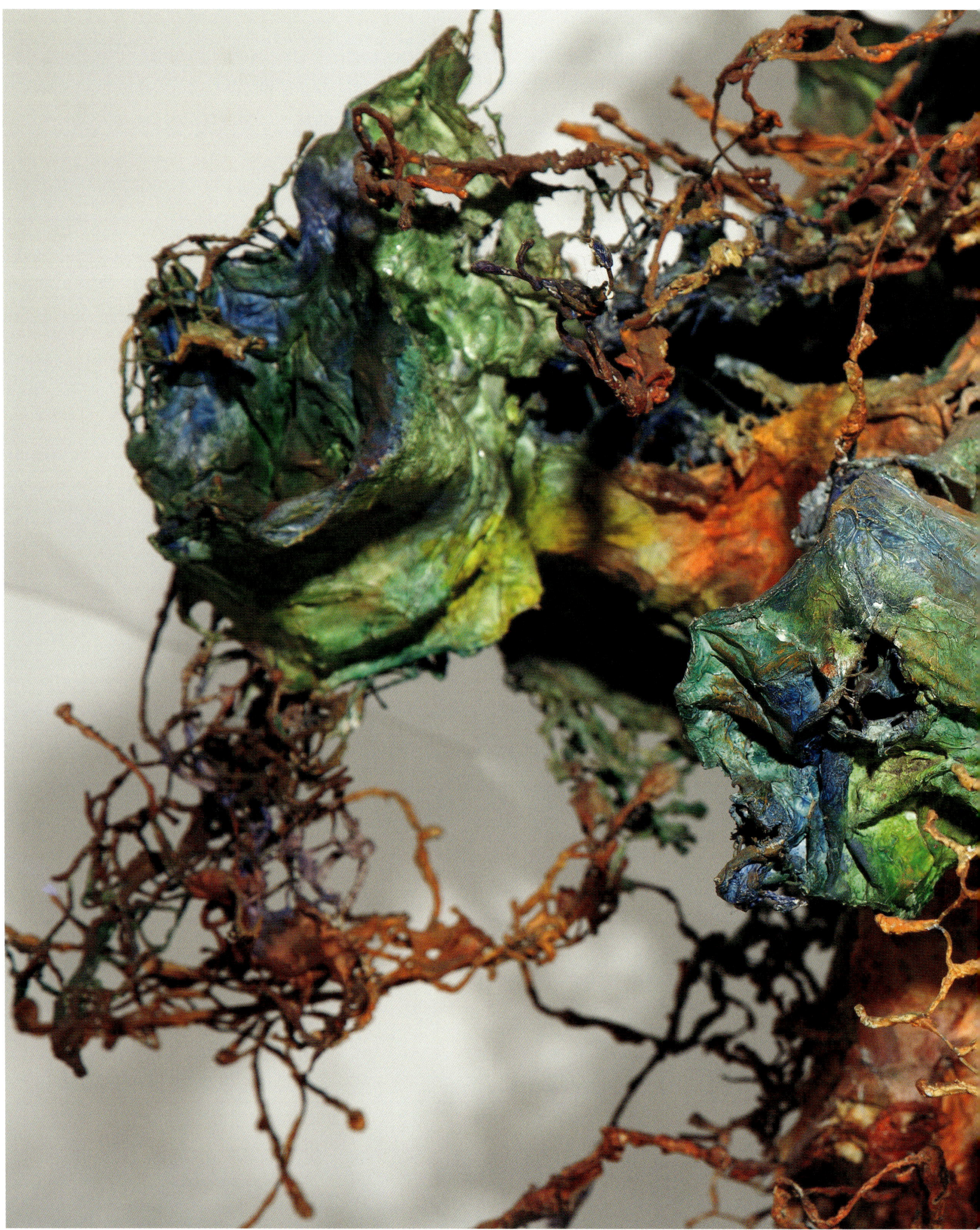

44 Dialogue végétatif (Vegetal Dialogue), Detail / detail, 1962

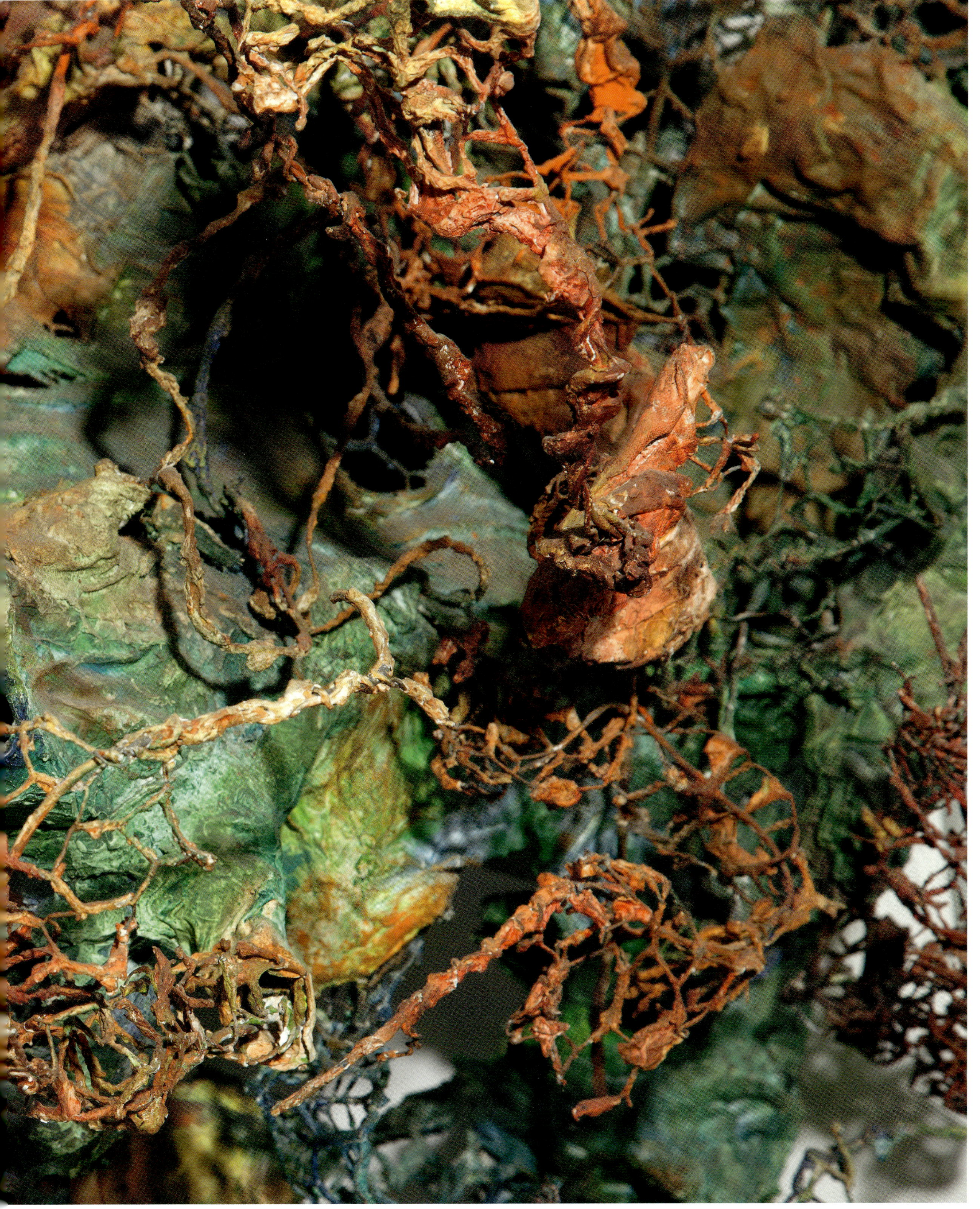

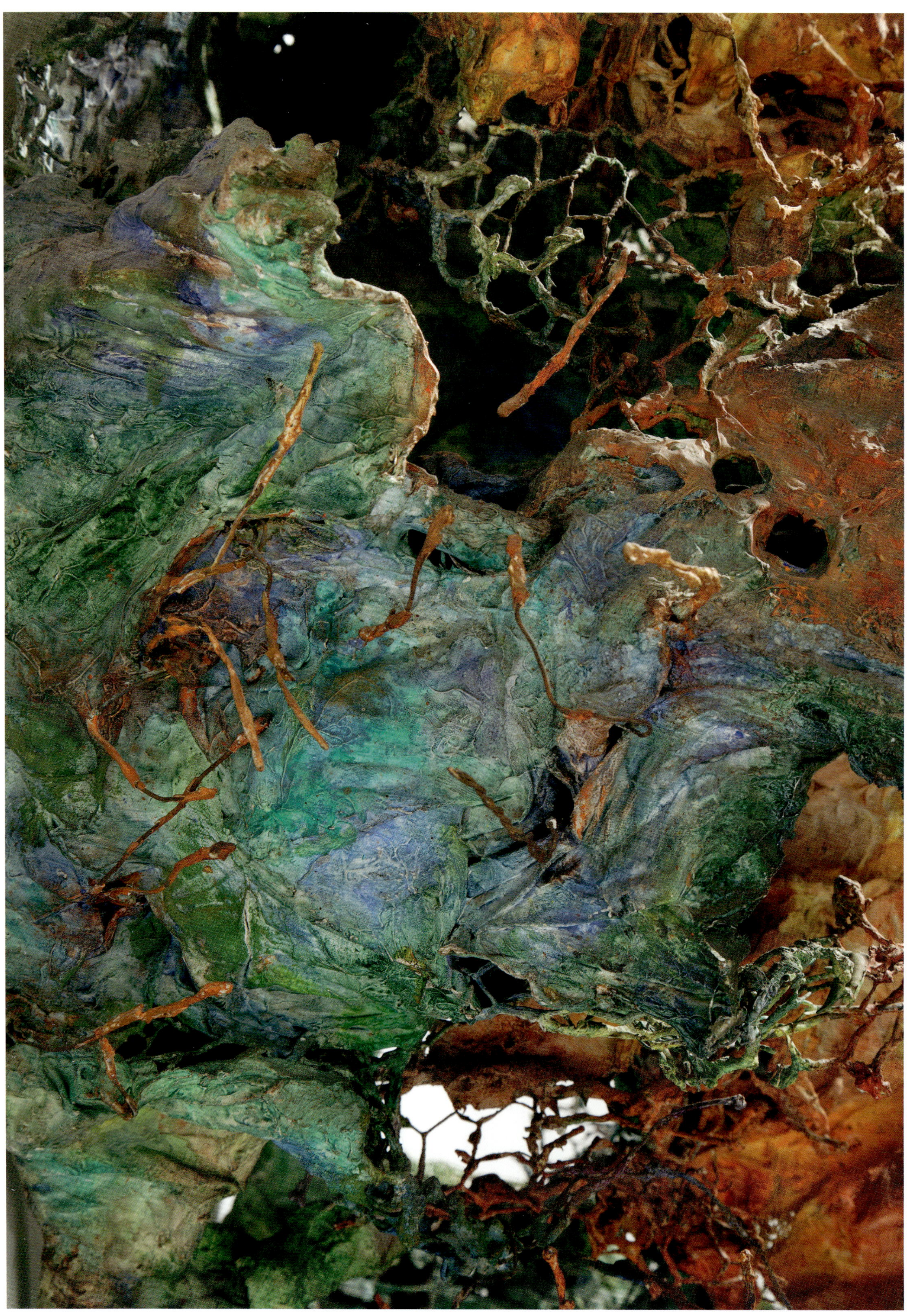

    Dialogue végetatif (Vegetal Dialogue), Detail / detail, 1962

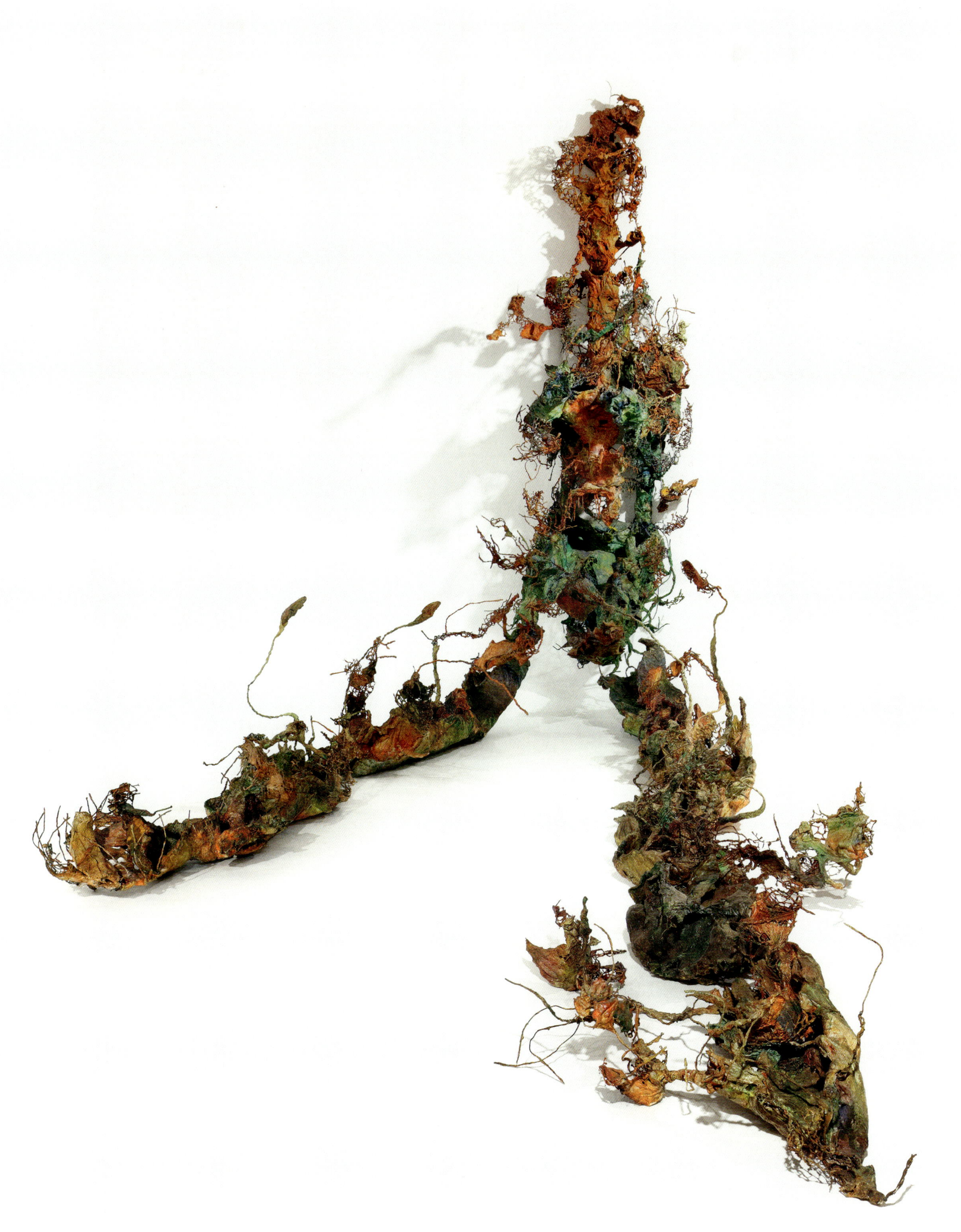

Dialogue végetatif (Vegetal Dialogue), 1962   47

Jutta Mattern

Im Strudel des Verborgenen
In the Vortex of the Hidden

Das helle Fest

Aus einem ewig blühenden Himmel
senkte sich das helle Fest zu uns nieder.
Sternenschauer perlten durch atmende Räume.
Wolkengarben schwebten vorüber.
Goldene Schwärme sprühten auf.
Tausendblättrige Schwingen entfalteten sich.
Durch flammende Tore strömten blaue Fluten,
die uns in duftende Zelte trugen.
Aus blumigen Kelchen quollen Träume
Und schlugen ihre samtenen Wimpern auf.
Die unzähligen Glieder der Erde
Fügten sich zu einer strahlenden, klingenden Harfe.
Hans Arp [1]

The Bright Feast

From an ever-blooming sky
The bright feast descended on us.
Star showers fizzed through breathing spaces.
Sheaves of clouds floated by.
Golden swarms began to sparkle.
Thousand-leaved wings unfurled.
Blue floods flowed through flaming gates,
Carrying us into scented tents.
Dreams sprung from flowery cups
And opened their velvet lashes.
The myriad members of the earth
Joined to form a radiant, tingling harp.
Hans Arp [1]

Hans Arp beflügelt unsere Vorstellungskraft mit diesen wunderbaren Versen, deren weicher und gleichmäßiger Rhythmus uns in das hoffnungsfrohe Geheimnis der Welt, der Liebe, unseres Daseins und einer immerwährenden Sehnsucht auf der Suche nach uns selbst entführt. Es ist die Welt des Lichts, der Farbe und der Fantasie, mit der wir unversehens auch in die Bildwelten von Bernard Schultze eintauchen.

Hans Arp schrieb dieses Gedicht in den Jahren 1945 bis 1947, in einer Zeit, in der sein künstlerisches Schaffen durch den Tod von Sophie Taeuber-Arp im Januar 1943 geprägt war. Er unterbricht seine bildhauerische Arbeit von 1943 bis 1947 und wendet sich in dieser Zeit neben dem Zeichnen intensiv seinem lyrischen Werk zu. Schreibend verarbeitet er in sämtlichen Schattierungen seiner Stimmungslagen den Verlust von Sophie Taeuber. Über die fantasievolle, assoziative Metaphorik seiner Gedichte beginnt er, seine Trauer Stück um Stück zu überwinden und sich dem Leben wieder zuzuwenden.

Diese Gabe des dichterischen, assoziativen Selbstausdrucks teilt Hans Arp mit Bernard Schultze. Beide erachteten für sich das Schreiben wie das bildnerische Gestalten als gleichberechtigte Form künstlerischer Schaffenskraft. Arp behauptete sogar, dass er es vorziehen würde, Dichter zu werden, wenn er zwischen Malerei und Dichtkunst wählen müsse.

Jean (Hans) Arp fires our imagination with these wonderful verses whose soft and even rhythm take us into the hopeful mystery of the world, of love, our being, and everlasting longing in the quest for ourselves. It is the world of light, of colour, and fantasy with which we also unexpectedly plunge into the pictorial worlds of Bernard Schultze.

Jean Arp wrote this poem in 1945–47, at a time when his artistic production was influenced by the death of Sophie Taeuber-Arp in January 1943. From 1943 until 1947 he took a break from his sculptural work and during this period he intensely focused on his lyrical work, in addition to drawing. Through writing he deals with the loss of Sophie Taeuber, running the full gamut of his moods. By way of the creative, associative imagery of his poems he gradually starts overcoming his grief and focussing on life again.

Jean Arp shares this gift of poetic, associative self-expression with Bernard Schultze. To both, writing was a form of artistic creativity on equal footing with the visual arts. Arp even maintained that he would prefer to become a poet if forced to choose between painting and poetry.

1   Arp, Hans: *Gesammelte Gedichte II,* Zürich/Wiesbaden 1974, S. 23.

1   Arp, Hans: *Gesammelte Gedichte II,* Zurich and Wiesbaden 1974, p. 23.

Deep inside he felt even more like a poet whom language inspired to rejuvenating play. Schultze stated that to him painting and drawing had the same status as writing. For both, surrealism also played a seminal and decisive role with respect to their lyrical work. Authors such as Lautréamont, considered a pioneer of the poetry of the unconscious and association, as well as Arthur Rimbaud and Novalis, one of the protagonists of Romanticism, were formative in this regard. As one of the exponents of Surrealism and co-founder of Dadaism, Arp drew on the birth of this anti-bourgeois movement which opposed existing artistic traditions and which at the same time can be seen as a response to World War I. In the post-war period Bernard Schultze, who from 1939 until 1945 had witnessed the war as a soldier, drew on the ideas and themes of Surrealism which propagated the dream-like, the unconscious, the absurd, and the fantastic as features of literary, artistic, and cinematic means of expression. It was a way of escaping his wartime experiences, Schultze explained, by plunging into a dream world of sorts, into fantastic realms, in order to repress and at the same time creatively process moments of being wounded, death, suffering, destruction, and fear. »The war was a monstrous life-and-death experience. Things that happened during the war were too close and yet too distant.«[2] Throughout his life, the unconscious approach to reality and his own range of existential experiences defined his entire œuvre.

After the war he found himself, like many other artists, in a Germany that had been »cleansed« of the National Socialists who not only had to answer for genocide on a staggering scale, but also ostracised the art movements of the time and contemporary artworks as »degenerate«, thereby completely destroying what had been an individual and dynamic, progressive art scene. An artistic reorientation, virtually from scratch, was the challenge artists had to face to respond to the insanity of World War II. For Bernard Schultze, who during the war lost his entire—predominantly representational—work

Im Innersten fühle er sich noch mehr als Dichter, den die Sprache zu verjüngendem Spiel animiere. Schultze stellt fest, dass für ihn Gemaltes, Gezeichnetes denselben Stellenwert wie Geschriebenes habe. Für beide spielt auch der Surrealismus im Hinblick auf ihr lyrisches Werk eine einflussreiche und entscheidende Rolle. Dabei prägend waren sowohl Autoren wie Lautréamont, der als Begründer der Poesie des Unbewussten und der Assoziation gilt, als auch Arthur Rimbaud oder etwa Novalis, einer der Protagonisten der Romantik. Arp schöpfte als einer der Vertreter des Surrealismus und Mitbegründer des Dadaismus aus der Geburtsstunde dieser antibürgerlichen Bewegung, die sich gegen bestehende Kunsttraditionen richtete und die auch als Reaktion auf den Ersten Weltkrieg zu verstehen ist. Bernard Schultze, der von 1939 bis 1945 den Krieg unmittelbar als Soldat miterlebte, knüpfte nach Kriegsende an die Ideen und Themen des Surrealismus an, der Traumhaftes, Unbewusstes, Absurdes und Fantastisches als Merkmale literarischer, bildnerischer und filmischer Ausdrucksmittel propagierte. Es war, so Schultze, eine Möglichkeit, seinen Kriegserlebnissen zu entkommen, indem er in eine Art Traumwelt – in fantastische Bereiche eintauchte –, um dort Geschehnisse von Verwundung, Tod, Leid, Zerstörung und Angst einerseits zu verdrängen und andererseits künstlerisch zu verarbeiten. »Der Krieg war ein ungeheures Erlebnis auf Leben und Tod. Dinge, die im Krieg geschahen, waren einem zu nah und doch zu fern.«[2] Zeitlebens bestimmte der unbewusste Umgang mit der Realität und eigenen existenziellen Erfahrungshorizonten sein gesamtes Werk.

Wie viele andere Künstler und Künstlerinnen fand er sich nach dem Krieg in einem von den Nationalsozialisten »gesäuberten« Deutschland wieder, die nicht nur einen Genozid unglaublichen Ausmaßes zu verantworten hatten, sondern auch die damaligen Kunstströmungen und zeitgenössischen Werke als »entartet« diffamierten und somit eine ehemals individuelle und lebendige, progressive Kunstszene vollends zerstörten. Eine künstlerische Neuorientierung, quasi aus dem »Nichts«, war die Herausforderung für Kunstschaffende, dem Wahnsinn des Zweiten Weltkrieges zu begegnen. Für Bernard Schultze, der während des Krieges sein gesamtes bis dato geschaffenes, überwiegend gegenständliches Werk durch

2   *2× Informel – Ein Doppelportrait Karl Otto Götz und Bernard Schultze,* a film by Ludwig Metzger, 88″, 3SAT/WDR, first broadcast on 9 June 2002.

2   *2× Informel – Ein Doppelportrait Karl Otto Götz und Bernard Schultze,* Ludwig Metzger, 88 min, 3SAT/WDR, Erstsendung 9.6.2002.

Bombenangriffe verlor, scheint dies wie eine Ironie des Schicksals zu sein: »Dann kam der große Brand, der Bombenhagel, unter dem alles, was ich bisher gemalt und gezeichnet hatte, in goldener Glut versank. Eine Wende meines Lebens. Die Fesseln waren zerrissen. Ich begann auf dürftigsten Fetzen mit Buntstift und selbstgerührten Leimfarben auf Verdunklungspapier nun in meinem grausig-prächtigen Märchen zu schwärmen. [...] Der labyrinthische Weg ließ mich hineintaumeln ins Unbewusste.«[3]

Unter dem Edikt des »Mit-sich-selbst-Beschäftigtseins«, wie es Schultze formulierte, begann er, sich vom Strudel des Verborgenen immer wieder aufs Neue mitreißen zu lassen.

Auf diesem Weg gab es zwei wesentliche Begegnungen, die sein Schaffen nachhaltig beeinflussten: Ende der 1940er-Jahre wurde Schultze auf Hans Prinzhorns Buch *Bildnereien der Geisteskranken* aus dem Jahr 1922 aufmerksam. Wie bereits die Surrealisten war auch er davon äußerst beeindruckt, dass jenseits des Sichtbaren und ohne künstlerisch akademische Ausbildung wahre »Wunderwelten« eines innersten Ichs aus Farbe, Linie, Form und Schrift entstehen können: Dichte malerisch-zeichnerische Szenarien entstanden in stiller Selbstversenkung, frei von jeglicher Rationalität und, wie es Schultze immer wieder in seinen Texten wiederholt, »unter dem Diktat des Unbewussten«. Ganz intuitiv arbeitete er bereits mit diesem Leitgedanken, noch bevor er sich bewusst mit der Definition des Surrealismus von André Breton in dessen *Erstem Manifest des Surrealismus* aus dem Jahre 1924 auseinandersetzte: »Surrealismus, Subst., m. – Reiner psychischer Automatismus, durch den man mündlich oder schriftlich oder auf jede andere Weise den wirklichen Ablauf des Denkens sucht. Denk-Diktat ohne jede Kontrolle durch die Vernunft, jenseits jeder ästhetischen oder ethischen Überlegung. [...] Der Surrealismus beruht auf dem Glauben an die höhere Wirklichkeit gewisser bis dahin vernachlässigter Assoziationsformen. an die Allmacht des Traumes, an das zweckfreie Spiel des Denkens.«[4]

Zu Beginn der 1950er-Jahre gab es ein weiteres bedeutsames Ereignis innerhalb seiner künstlerischen Entwicklung und Neuorientierung: Es war seine Arbeit mit einer Kinder-Mal-Klasse im Amerika Haus in Frankfurt am Main. Auch hier ereignete sich eine Art Initialzündung, ähnlich wie in der Begegnung mit Prinzhorns Buch, auf dem Weg seines neuen

to date, this seemed to be like an irony of fate: »Then came the great fire, the hail of bombs, which engulfed everything I had painted and drawn up to that point in a golden blaze. A turning point in my life: the fetters were broken. I started working with coloured pencils and home-mixed distempers on the skimpiest scraps of blackout paper, romanticising in my ghastly splendid fairy-tale. [...] The labyrinthine ways made me tumble into the unconscious.«[3]

Under the edict of »self-engagement«, as Schultze put it, he started to let himself be carried along by the vortex of the hidden.

On this path there were two crucial encounters that had a lasting influence on his work. In the late 1940s Bernard Schultze became aware of the 1922 book *Bildnereien der Geisteskranken* (Artistry of the Mentally Ill) by Hans Prinzhorn. Like the surrealists earlier, he was deeply impressed by the veritable »magic worlds« of an innermost self being created, outside of the visible realm and without any academic artistic training, out of colour, line, form, and writing. Detailed painterly and graphic scenarios were created in silent introspection, devoid of any rationality and »according to the dictate of the unconscious«, as Schultze keeps repeating in his writings. Intuitively, he already employed this principle even before consciously reflecting on André Breton's definition of Surrealism in the *First Manifesto of Surrealism* from 1924: »Surrealism, n. m. Pure psychic automatism by means of which one intends to express, either verbally, or in writing, or in any other manner, the actual functioning of thought. Dictated by thought, in the absence of any control exercised by reason, free of any aesthetic or moral concern. [...] Surrealism is based on the belief in the superior reality of certain forms of previously neglected association, in the omnipotence of dream, in the disinterested play of thought.«[4]

In the early 1950s a second significant encounter occurred within his artistic development and reorientation. This was his work with a painting class for children at the Amerika Haus in Frankfurt am Main. It, too, provided a kind of initial impetus, much like the exposure to Prinzhorn's book, on the path of his new self-conception as an artist and associated

3 Schultze, Bernard: *Über Malerei, Gesammelte Aufsätze 1957–1994*, Aachen 2000, S. 54.
4 Breton, André: *Die Manifeste des Surrealismus*, Reinbek bei Hamburg 1986 (= Rowohlts Enzyklopädie, Bd. 434), S. 26/27.

3 Schultze, Bernard: *Über Malerei, Gesammelte Aufsätze 1957–1994*, Aachen 2000, p. 54.
4 Breton, André: *First Manifesto of Surrealism – 1924*, trans. A. S. Kline (2010), http://www.poetryintranslation.com/PITBR/French/Manifesto.htm.

new forms of expression. On a different level of the secret spiral, as Bernard Schultze put it, it led him back to the roots again. By this he meant the origins of creativity and self-expression in the child: their unintentional, self-engrossed activity, devoid of objectives or concepts in a process of letting-go and treating the materials in playful ways. This impressed him and inspired him to do the same, combined with the curiosity and joy of being surprised by an unpredictable result. Breton, too, ascribed a special role to childhood in his *First Manifesto of Surrealism:* »From childhood memories and a few others emerges a feeling of being unpreoccupied and subsequently of being delinquent, which I regard as the most fecund that exists. It is childhood perhaps which comes closest to ›real life‹.«[5]

Schultze embarks on this level of play, of chance, and of unconscious impulses. In the process, though, he benefits from his organisational control which saves him from the potential chaotic frenzy of memory and creation.

Writing on his work, he described the following: »Like the children at the beach, squatting and playing with the muddy sand and buckets full of sea water, I did it with home-mixed, thickened paint paste and coloured water of paint mixture dissolved in turpentine. Using pieces of wood, my hands, the brush, I let myself drift across the horizontally placed painting surface, got into a panic of *horror vacui,* tried to free myself by pouring the paint-turpentine over it. Pools, hills, valleys, cracks, barky excrescences formed; the crumbling walls, the delta landscapes, the desolate steppes and karst areas, Russia's vastness appeared, the dark green forests of my childhood on the Polish border. Such images, shards of memory plunged into me and I let myself get swept away by them in a chain of associations, while at the same trying to watch myself over my shoulder. The exciting play, idea and control in rapid sequence, had started. This was the stimulant; this was why painting was a substitute for life.«[6]

Selbstverständnisses als Künstler und damit verbundenen neuen Ausdrucksformen. Bernard Schultze wurde dadurch, so wie er sagt, auf einer anderen Ebene der geheimen Spirale abermals zu den Ursprüngen geführt. Gemeint waren die Ursprünge der Kreativität und des Selbstausdrucks des Kindes: ihr absichtsloses in sich versunkenes Tun, frei von Zielen und Konzeptionen in einem Prozess des Sich-treiben-Lassens und dem spielerischen Umgang mit den Materialien. Dies beeindruckte und animierte ihn dazu, es ihnen gleich zu tun, verbunden mit der Neugierde und der Freude und sich von einem unkalkulierbaren Ergebnis überraschen zu lassen. Auch Breton misst der Kindheit in seinem *Ersten Manifest des Surrealismus* eine besondere Rolle zu: »Von den Kindheits- und einigen anderen Erinnerungen geht ein Gefühl der völligen Ungebundenheit aus und in der Folge das Gefühl, *abgeirrt* zu sein, das ich für das fruchtbarste von allen halte. Die Kindheit nähert uns vielleicht am meisten dem wahren Leben an.«[5]

Schultze begibt sich auf diese Ebene des Spiels, des Zufalls und der unbewussten Impulse. Zugutekommt ihm jedoch auch immer seine ordnende Kontrolle, die ihn vor dem möglichen Chaos eines Erinnerungs-Gestaltungstaumels bewahrt.

In einem Text zu seiner Arbeit beschreibt er Folgendes: »Wie die Kinder am Strand, hockend mit dem schlammigen Sand und den Eimern voll Meerwasser spielend, so machte ich es mit selbst angerührtem, angedicktem Farbbrei und Farbwasser in Terpentin gelöster Farb-Masse. Mit Hölzern, den Händen, dem Pinsel ließ ich mich treiben über den horizontal liegenden Malgrund, geriet in eine Panik des *horror vacui,* versuchte mich zu befreien, indem ich das Farb-Terpentin darübergoss. Lachen, Hügel, Täler, Schrunden, borkige Wucherungen bildeten sich, die zerbröckelnden Wände, die Delta-Landschaften, die wüsten Steppen und Karstgebiete, Rußlands Weite tauchten auf, die dunklen, grünen Wälder meiner Kindheit an der polnischen Grenze. Solche Bilder, Erinnerungsfetzen stürzten in mich, ich ließ mich fortschwemmen von ihnen in einer Kette von Assoziationen, und gleichzeitig versuchte ich, mir über die Schulter zuzusehen. Das erregende Spiel, Einfall und Kontrolle in rasender Folge, hatte begonnen. Das war die Stimulanz, deswegen war Malen Ersatz für Leben.«[6]

---

5 Ibid.
6 Schultze (see n. 3), pp. 55–6.

5 Ebd., S. 37.
6 Schultze (wie Anm. 3), S. 55/56.

Für Schultze wurde Bretons Devise »unter dem Diktat des Unbewussten«, wie er sagt, zum obersten Gesetz, weil – so glaubt er – nur dadurch schöpferische Freiheit künstlerisch zu realisieren sei. Zeitlebens war dieser Glaubenssatz die Grundlage, um sich auf die Reisen in das labyrinthische Unbekannte seines Ichs zu begeben. Diesen »inneren Monolog«, wie er sein künstlerisches Tun nannte, »führte er sein Leben lang«. Dabei zog er sich vollständig in seinen »Elfenbeinturm« zurück, um sich geschützt und frei von jeglichen äußeren Einflüssen treiben zu lassen.

Diese künstlerische Haltung, die sich bei Schultze Ende der 1940er-Jahre entwickelte, seither manifestierte und die er mit seinen Künstlerkollegen K.O. Götz, Otto Greis und Heinz Kreutz teilte, wurde 1951 während eines Besuchs in Paris maßgeblich durch die Begegnung mit den Arbeiten von Wols und Jean-Paul Riopelle beeinflusst. Es waren insbesondere Riopelles gespachtelte Farbfeld-Orgien – so beschreibt es Bernard Schultze –, die wie neue Erdbeben-Bilder über ihn sowie seine Kameraden Götz, Greis und Kreutz einstürzten, jene wie ein großes Fieber anfielen und ein jeder sich nun auf seine Weise diesen Schock gleichsam von der Seele malte. Mit diesen ganz neuen, intensiven Erfahrungen im Gepäck gründeten die vier 1952 die Künstlergruppe Quadriga und etablierten damit das Informel in Deutschland. Mit ihrer ersten Quadriga-Ausstellung 1952 in der Zimmergalerie Franck in Frankfurt am Main erregten sie im Hinblick auf diese neue avantgardistische Kunstströmung in Deutschland nach dem Zweiten Weltkrieg erstmals Aufmerksamkeit.

Die Charakteristiken des Informel waren »Formlosigkeit«, die sich gegen klassische Prinzipien von Form und Komposition und die geometrische Abstraktion richtete, und die Befreiung der Farbe, die zusammen mit anderen bildnerischen Materialien als autonome Gestaltungsmittel anerkannt wurden. Wesentlich dabei wurden spontane, eruptive, gestische Aktionen, die den tiefen Schichten des Unbewussten entsprangen. Pate standen der Surrealismus und Sigmund Freuds psychoanalytische Lehre, der die freie Assoziation als »verbale Zauberleiter« zu den Ursprüngen des Unbewussten einsetzte. Und zudem das Verfahren der Écriture automatique, das von dem französischen Psychotherapeuten Pierre Janet im Rahmen therapeutischer Behandlungen gegen Ende des 19. Jahrhunderts eingesetzt wurde. Im Halbschlaf, in Trance

For Schultze, Breton's motto »dictated by the unconscious« became the supreme law, as he put it, because he believed this to be the only way to realise creative freedom artistically. Throughout his life this tenet served as the basis for embarking on journeys into the labyrinthine unknown of his self. This »inner monologue«, as he described his artistic practice, was something »he engaged in all his life«. In the process he retreated altogether into his »ivory tower«, so as to let himself get carried along, protected and free from any outside influences.

This artistic approach Schultze developed by the end of the 1940s, which manifested itself from then on and which he shared with fellow artists K.O. Götz, Otto Greis, and Heinz Kreutz, was decisively influenced by his exposure to the works of Wols and Jean-Paul Riopelle during a visit to Paris in 1951. Riopelle's puttied colour field orgies, in particular, were, as Bernard Schultze put it, like new earthquake paintings that came tumbling down on him and his comrades Götz, Greis, and Kreutz, attacking them like a major fever and prompting them to each in their own way work this shock out of their system, in a way, by painting. Carrying the baggage of these wholly new, intense experiences, the four went on to found the Quadriga artist group in 1952, thereby establishing informal painting in Deutschland. With their first Quadriga exhibition 1952 at the Zimmergalerie Franck in Frankfurt am Main they for the first time drew attention to this new avant-garde art movement in post-war Germany.

Informal painting was characterised by »formlessness«, which was aimed against the classical principles of form and composition and against geometric abstraction, as well as by a liberation of colour that, along with other artistic materials, was recognised as an autonomous creative device. Spontaneous, eruptive, gestural actions arising from the deep layers of the unconscious came to play an essential role in this. Surrealism and the psychoanalytical theory of Sigmund Freud, who used free association as a »verbal magic ladder« to the roots of the unconscious, acted as models, as did the method of *écriture automatique,* which the French psychotherapist Pierre Janet had used toward the end of the nineteenth century in the context of therapeutic treatments.

In semi-sleep state, in a trance, or under hypnosis, the patient is, similar to Freud's free association, encouraged to write in an uncontrolled flow, so as to raise unconscious content into consciousness and thereby promote the healing of mental illnesses. In the early 1920s Breton seized on this method, though no longer with the purpose of healing, but rather to mine the unconscious, dreamlike, and spontaneous elements of human ideas and association abilities for the creativity of artistic processes.

Schultze and Götz maintained amicable relations since the beginnings of informal painting and followed this basic psychodynamic principle of Surrealism in their artistic practice—both in their art and in their lyrical work. Like in Arp's work, chance plays a major role in this as well. Götz works fast, motorically and rhythmically, as he puts it, and in the process turns off the mind. He favours the vigorous gesture using the entire body. Schultze, on the other hand, works in silent introspection, slowly and carefully. Like Götz, he lets his unconscious impulses take over, yet in doing so he allows himself to be carried along and begins to develop the individual layers of his works—painting them, breaking them up—and extends them into three-dimensionality. At the same time he negates any rationality, experiencing the process in a kind of trance, as he put it, that goes along with complete passivity of consciousness. Invariably inherent to this, as he called it, »risk of the unknown« is a certain fear of too much spontaneity that likewise could endanger his fragile web of unsuspected depths. Yet the curiosity to discover his own self through this associative process and to draw on the resulting works was undoubtedly a crucial motivation for him to engage in this experiment throughout his life. As Schultze stated: »The wealth of associations creates a merging and meshing. The result is a construct as if caught in the web of lines, ambiguous and therefore connected as closely as possible to the flow of imagination and images.«[7]

He saw his artistic practice as an act of creation. A random »keyword« is the beginning of a poem and an »arbitrary doodle«, as Bernard Schultze himself described it, is the beginning of a painting or drawing. Usually this unfolds from the

oder unter Hypnose wurde der Patient ähnlich wie bei Freuds freiem Assoziieren zu einem ungesteuerten Schreibfluss animiert, um Unbewusstes ins Bewusstsein zu heben und somit die Heilung von psychischen Erkrankungen zu befördern. Breton griff zu Beginn der 1920er-Jahre diese Methode auf: nun nicht mehr, um zu heilen, sondern um die unbewussten, traumhaften und spontanen Elemente menschlicher Ideen und Assoziationsfähigkeit für die Kreativität künstlerischer Prozesse zu nutzen.

Schultze und Götz blieben seit den Anfängen des Informel freundschaftlich miteinander verbunden und folgten mit ihrem künstlerischen Schaffen diesen psychodynamischen Grundgedanken des Surrealismus. Das betrifft ihr bildnerisches wie lyrisches Werk. Dabei kommt dem Prinzip des Zufalls, wie in Arps Werk, eine große Bedeutung zu. Götz arbeitet – so sagt er selbst – schnell, motorisch und rhythmisch und schaltet dabei seinen Verstand aus. Er bevorzugt die große kraftvolle Geste, unter Einsatz des vollen Körpers. Schultze hingegen arbeitet in stiller Selbstversenkung, langsam und bedächtig. Er überlässt sich ebenso wie Götz seinen unbewussten Impulsen, lässt sich dabei jedoch treiben und beginnt, die einzelnen Schichten seiner Werke zu erschließen – sie zu ermalen, aufzubrechen – und in die Dreidimensionalität zu erweitern. Dabei leugnet er jegliche Rationalität. Er erlebt diesen Vorgang, so wie er sagt, in einer Art Trance, die mit der völligen Passivität des Bewusstseins einhergeht. Diesem »Risiko des Unbekannten«, wie er es nennt, wohnte auch immer ein wenig Angst vor zu viel Spontaneität bei, die sein fragiles Gespinst ungeahnter Tiefen auch gefährden könnte. Aber die Neugierde, sich über dieses assoziative Geschehen selbst zu entdecken und dabei aus den entstandenen Arbeiten zu schöpfen, war für ihn sicherlich eine wesentliche Triebfeder, sich zeitlebens auf dieses Experiment einzulassen. Er sagt: »Die Fülle der Assoziationen erzeugt ein Ineinanderfließen und Übereinander-sich-Verschränken. Das Ergebnis ist ein Gebilde, wie im Netz der Linien gefangen, vieldeutbar und dadurch dem inneren Fantasie-Bild-Strom so eng wie möglich angeschlossen.«[7]

Sein künstlerisches Tun begreift er als einen Akt der Schöpfung. Ein zufälliges »Schlüsselwort« ist der Beginn eines Gedichts und ein »willkürlicher Kritzel«, so wie Bernard Schultze es selbst beschreibt, ist der Beginn eines Bildes

7 Ibid., p. 45.

7 Ebd., S. 45.

oder einer Zeichnung. Meistens geschieht dies aus dem Zentrum der Leinwand oder des Papiers heraus. Dabei erachtet er insbesondere die Leinwand stets als Raum und nicht als Fläche. Manchmal entwickeln sich seine labyrinthischen malerischen wie zeichnerischen Linienspuren auch aus der Ecke heraus. Oft ist es jedoch die Mitte, die eine Art Kraftfeld bildet, von wo aus sich sein inneres Erleben zu allen Seiten wuchernd hin ausbreitet, solange bis Farbe, Form und Material ineinandergreifen und schließlich ein harmonisches Ganzes bilden. Unter der Verwendung von Bleistift, Kreide, Tusche, Farbstiften und Ölfarben sind die Grenzen zwischen Malerei und Zeichnung fließend.

Bernard Schultzes frühe Bilder zu Beginn der 1950er-Jahre waren deutlich vom Grafismus, beispielsweise Riopelles oder Pollocks, oder der Verbindung von Farbfleck und Grafismus eines Wols beeinflusst. Schultze schuf in dieser Zeit dichte, kleinteilige, starkfarbige Arbeiten, die rhythmisch von einem Lineament aus Tusche und Farbe durchzogen waren. Er begann, sich förmlich in seine Bilder mit einer geheimen Zeichensprache, ganz im Sinne der Écriture automatique, hineinzuschreiben. Dieses Zusammenführen von malerischen wie grafischen Elementen war nicht zu entziffern und schien dazu aufzufordern, diesem »Knäuel« an Undeutbarem auf den Grund zu gehen. Bernard Schultze begann, die eindimensionale Oberfläche aufzubrechen und zu erweitern. Dabei blieb das zu Beginn entwickelte grafische Netz ein wesentlicher Bestandteil seiner Arbeiten während unterschiedlichster Werkphasen.

Mit dem Einkleben und Montieren von Stoffen und Holzteilchen, Stroh, Draht, Kordeln, Ästen und Nägeln begann er, die Oberfläche des horizontal gelagerten Bildes »anzuheben«. Farbe wurde nun nicht mehr aufgemalt, sondern gegossen. Diese zufällig entstandenen Farblachen und -täler, die nach dem Trocknen mit Lasuren bearbeitet wurden, führten zu Reliefierungen, die an kraterartige Landschaften erinnern und deren Schönheit sich oftmals erst nach dem Trocknungsprozess zeigte. Diese Bildgenese überraschte Schultze immer wieder aufs Neue: »Das Warten auf den Trocknungsprozess war das Erregendste in diesem Stadium«.[8] Ein wunderbares Beispiel dafür ist ein Bild-Relief in der Rolandsecker Ausstellung, das an ein Tafelbild erinnernde Werk *Uranus* aus dem Jahre 1957. Dieses düstere Gemälde, das an einigen Stellen

centre of the canvas or paper. In the course of this he always thinks of the canvas, in particular, as a space rather than a surface. Sometimes his maze-like painterly and graphic lines also unfold from a corner, but most often it is the centre that constitutes a kind of force field from which his inner experiences sprawl to all sides, up to the point when colour, form, and material mesh and ultimately form a harmonious whole. Using pencil, chalk, ink, crayons, and oils, the boundaries between painting and drawing are blurred.

Bernard Schultze's early paintings from the early 1950s were clearly influenced by graphism, as, for example, in the works of Riopelle or Pollock, or the combination blotches of colour and graphism in the work of, say, Wols. During this time Schultze created dense, detailed, and brightly coloured works that were rhythmically honeycombed with a web of ink and paint lines. In a way, he began inscribing himself into his paintings with a secret notation, very much in line with *écriture automatique*. This combination of painterly and graphic elements was indecipherable and seemed to invite the viewer to get to the bottom of the »tangle« of uninterpretability. Bernard Schultze started to break up and expand the one-dimensional surface. Yet the graphic grid he had developed at the beginning remained an essential part of his works during various periods.

By pasting and mounting pieces of fabric and wood, straw, wire, cord, twigs, and nails into his work he started to »raise« the surface of the horizontally placed painting. Paint was now no longer applied with a brush, but rather poured. Once they had dried, the resulting random pools and valleys of colour were scumbled, which resulted in relief effects evoking crater-like landscapes whose beauty often revealed itself only after the drying process. This genesis of the image surprised Schultze time and again: »Waiting for the painting to dry was the most exciting thing at this stage.«[8] A wonderful example of this is the painting relief included in the exhibition in Rolandseck, the 1957 work *Uranus*. Reminiscent of a panel painting, this sombre work with a few surprising bright yellow

8 Ebd., S. 69.

8 Ibid., p. 69.

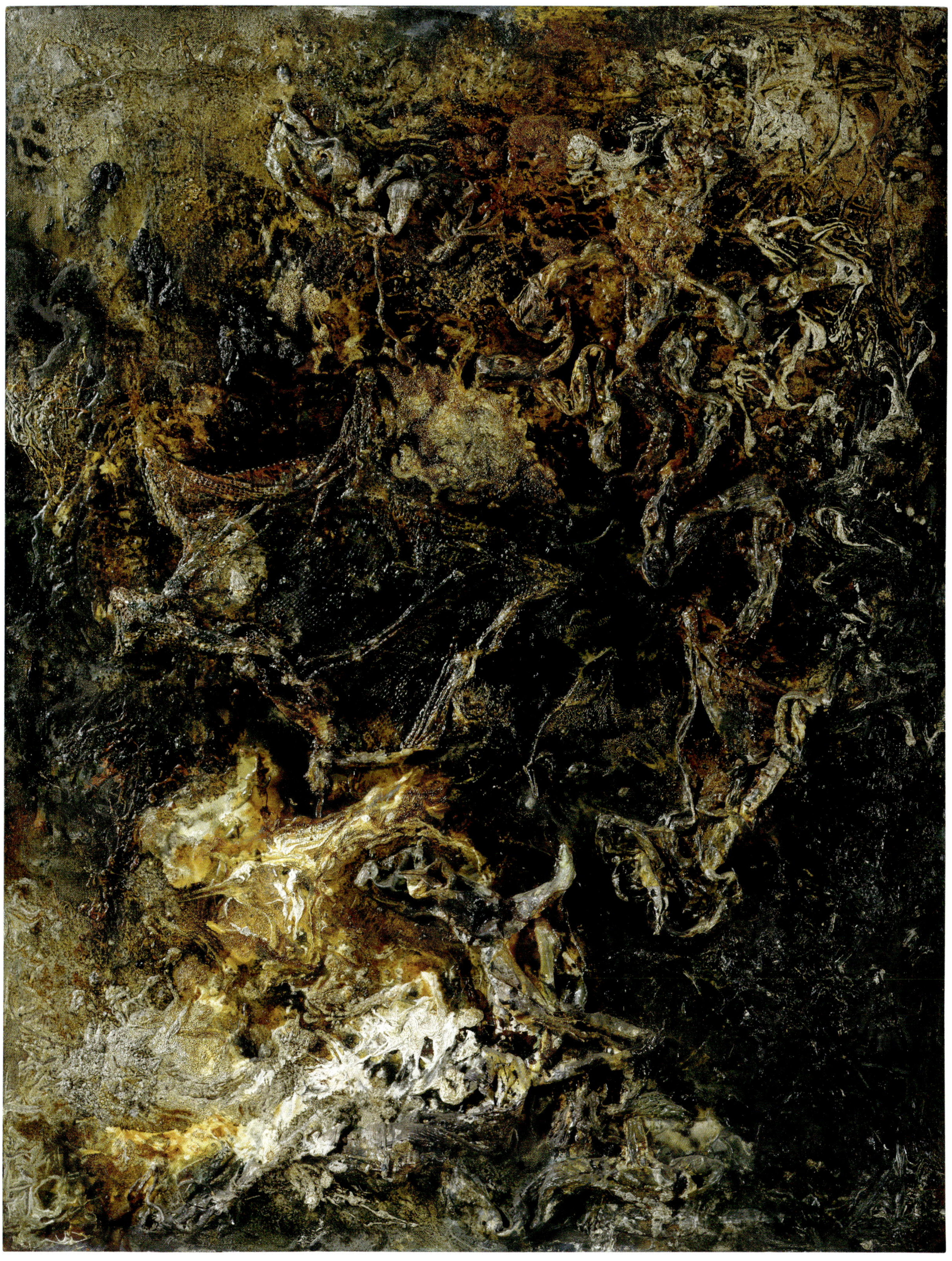

aus einem Verborgenen heraus überraschend hellgelb leuchtet, wird durch seine unregelmäßig erhabene wie lackierte, partiell rissige Oberfläche zu einer Kostbarkeit.

Um dem Umstand entgegenzuwirken, dass die flüssige Farbe an manchen Stellen die erhabenen Partien nicht bedecken konnte, entschloss sich Bernard Schultze, seine Bilder nun senkrecht zu bemalen. Diese Entscheidung war ein weiterer Schritt, seine Werke in die Dreidimensionalität zu überführen und in eine Art Farbraumkörper zu verwandeln. Eine Annäherung an das Zusammenwachsen zu einer Einheit von Skulptur und Farbe war damit vollzogen. Getrieben von dem Bedürfnis, die Außenhaut seiner Werke weiter aufzureißen und zu »verlebendigen« und sich damit immer intensiver auf seine labyrinthische Reise einzulassen, lässt er seine reliefartigen Arbeiten über den Bildrand hinaus in den Raum hineinwuchern.

Befreit von dieser räumlichen Begrenzung scheinen sie sich mit ihren Ausstülpungen ganz dem Prozess der Metamorphose zu überlassen. Sie entpuppen sich zu farbintensiven, skulpturalen Mischwesen, denen Schultze den Fantasienamen »Migofs« gibt. Versehen mit einem Eisen- und Maschendrahtskelett, überspannt und umwickelt mit Textilien, bearbeitet mit einer Plastikmasse und dann, so sagt Bernard Schultze, wie gebuckelte Leinwand übermalt – freistehend, von der Decke hängend, an der Wand befestigt oder auf Sockeln. Die daraus entstandenen Gebilde erinnern an organische Zwitterwesen, deren Gestalt sich zwischen Mensch, Pflanze und Tier bewegt. Diese insektenhaften, außerirdischen, archaischen Wesen, die auch aus dem Meeresgrund emporgestiegen sein könnten und sich uns mit ihren feinen Antennen aus Blütenkelchen, Rüsseln, Tentakeln und geborstenen Körpern entgegenstellen, lassen uns in die Welt des Fantastischen eintauchen. Es ist die Welt des Werdens und Vergehens, des Geheimnisvollen, des Komischen und des Unergründlichen. Stets ambivalent bleibt unsere Spurensuche in diesem farbgewaltigen Zwischenreich der Verwandlung.

Ein wunderbares Beispiel dafür ist Bernard Schultzes achtteilige Arbeit *Moonen,* sein erstes Environment aus dem Jahre 1961, für die Ausstellung *Phantastische Architektur* in der Baden-Badener Kunsthalle im gleichen Jahr. Sie wurde

highlights emerging from a hidden place is turned into a precious object by its irregularly raised, seemingly lacquered and partially cracked surface.

Because the liquid paint did not cover all the raised parts, Bernard Schultze decided to create his paintings vertically. This decision was a further step on the way to transferring his works into three-dimensionality and transforming them into bodies of colour space. Thus he had moved closer to merging sculpture and paint into a single whole. Driven by the need to further tear up and »bring to life« the outer skin of his works, he allowed his relief-like paintings to proliferate into the space beyond the edges of the canvas.

Relieved of this spatial limitation, they seem to completely submit themselves to the process of metamorphosis. With their protrusions they emerge as brightly coloured, sculptural hybrids for which Schultze coins the fantasy name »Migofs«— equipped with an iron and wire mesh armature, covered and wrapped with textiles, treated with plastic material and then painted like a hunched canvas, as Bernard Schultze put it, freestanding, hanging from the ceiling, mounted on the wall, or on pedestals. The resulting structures suggest organic hybrid creatures whose shape oscillates between man, plant, and animal. These insect-like, extra-terrestrial, archaic beings, which could just as well have risen from the depths of the sea and confront us with their filigree antennas of calyxes, probosces, tentacles, and cracked bodies, cause us to plunge into the world of the fantastical. It is the world of becoming and decaying, of the mysterious, the comical, and the unfathomable. Our search for signs in this supremely colourful intermediate realm of transformation remains invariably ambivalent.

A wonderful example of this is Bernard Schultze's eightpart work *Moonen* from 1961, his first environment which he created for the exhibition *Phantastische Architektur* at the Kunsthalle in Baden-Baden that same year. Never since shown in public, it is particularly fortunate that this work can be presented here in Rolandseck. The starting point for this group of »figures« is a painting with light, delicate colours and a tectonic surface. Pink, purple, light blue, light green, apricot, and orange hues dominate the canvas. The »force field« from which the entire work evolves is in the centre of the painting. A bright red-orange, narrow, broken-up vertical passage shimmers like a gaping wound. A shaky web of lines runs through large parts of the painting. As is often the case with Schultze's works, the viewer feels the need to move up close to the painting to decipher these secret messages. And then seven differently shaped sculptures seem to detach themselves from these pictorial dynamics, almost evolving from it and forming a set of figures in a related palette of colours: two large upright sculptures flank the painting. All three works are standing on the floor leaning against the wall. A wall-Migof complements this group. Four additional hybrids break away from the scene in the background and »move« as freestanding horizontal and vertical sculptures into the space, only to freeze in their designated places. It goes without saying that Bernard Schultze has established the »choreography«, thereby creating a subtle web of relations—one that arouses our curiosity and tempts us to examine and decipher the essence of these figures and the narrative that connects them. We will not succeed. Thus Schultze turns us into his agents, taking us with him on an endless journey of exploring his labyrinthine system. Later, in 1984, he would write in a catalogue text: »To date, a fundamental confidence has made it possible for me to live through my adventures of colour and the fantastic in my maze of the unconscious.«[9]

The fantastic stories of the Polish writer Bruno Schulz (1892–1942) have exercised a major influence on Bernard Schultze's »adventures«. Bruno Schulz's most important collection of stories, *The Cinnamon Shops,* was published in Polish in 1933 and first translated into German in 1961. At this time Bernard Schultze also discovered the powerfully eloquent, fantastic book which belongs to the realm of dreams, illusions, and myth. »At this point«, Schultze stated, »artistic creativity

seither nicht mehr gezeigt. Es ist daher ein besonderer Glücksfall, sie hier in Rolandseck präsentieren zu können. Den Ausgangspunkt dieser »Figurengruppe« bildet ein in hellen, zarten Farben gestaltetes Bild mit tektonischer Oberfläche. Rosa, Lila, Hellblau, Hellgrün, Hellgelb, Apricot und Orange beherrschen die Leinwand. Das »Kraftfeld«, aus dem sich die gesamte Arbeit heraus entwickelt, liegt in der Mitte des Bildes. Eine rot-orange leuchtende, aufgebrochene, schmale senkrechte Stelle schimmert uns wie eine klaffende Wunde entgegen. Ein zittriges Liniengeflecht durchzieht weite Teile des Bildes. Nah möchte man an das Bild herantreten, wie so oft bei Schultzes Arbeiten, um diese geheimen Botschaften zu entziffern. Und dann scheinen sich aus diesem Bildgeschehen sieben unterschiedlich gestaltete Skulpturen herauszulösen, sich förmlich daraus zu entwickeln und zu einem Figurenensemble in einem verwandten Farbkanon zu formieren: Zwei große aufrechte Skulpturen flankieren das Bild. Angelehnt an die Wand stehen alle drei Arbeiten auf dem Boden. Ein Wand-Migof ergänzt diese Gruppe. Vier weitere Mischwesen lösen sich von der Szenerie im Hintergrund und »bewegen« sich als freistehende horizontale wie vertikale Skulpturen in den Raum hinein, um an den dafür vorgesehenen Stellen zu verharren. Selbstverständlich hat Bernard Schultze die »Choreografie« der Akteure festgelegt und damit ein subtiles Beziehungsgeflecht geschaffen: eines, das uns neugierig macht und uns verlockt, dem Wesenskern dieser Gestalten und der Geschichte, die sie miteinander verbindet, auf den Grund zu gehen und zu entschlüsseln. Es wird uns nicht gelingen. Somit macht Schultze uns zu seinen Erfüllungsgehilfen und nimmt uns beim nicht enden wollenden Erkunden seines labyrinthischen Systems mit auf die Reise. Später, 1984, wird er Folgendes in einem Katalogtext schreiben: »Eine grundsätzliche Zuversicht hat es mir bisher möglich gemacht, in meinem Labyrinth des Unbewussten meine Farb- und Fantastik-Abenteuer zu bestehen.«[9]

Auf Bernard Schultzes »Abenteuer« haben die fantastischen Erzählungen *Zimtläden* des polnischen Schriftstellers Bruno Schulz (1892–1942) einen großen Einfluss. 1933 war dieses Hauptwerk von Bruno Schulz auf Polnisch erschienen und 1961 zum ersten Mal ins Deutsche übersetzt worden. In dieser Zeit entdeckt auch Bernard Schultze dieses sprachgewaltige, fantastische Buch, das der Welt des Traums, der Illusion und des Mythos angehört. Er sagt: »Hier begann sich für

9 Schultze (see n. 3), p. 71.

9 Schultze (wie Anm. 3), S. 71.

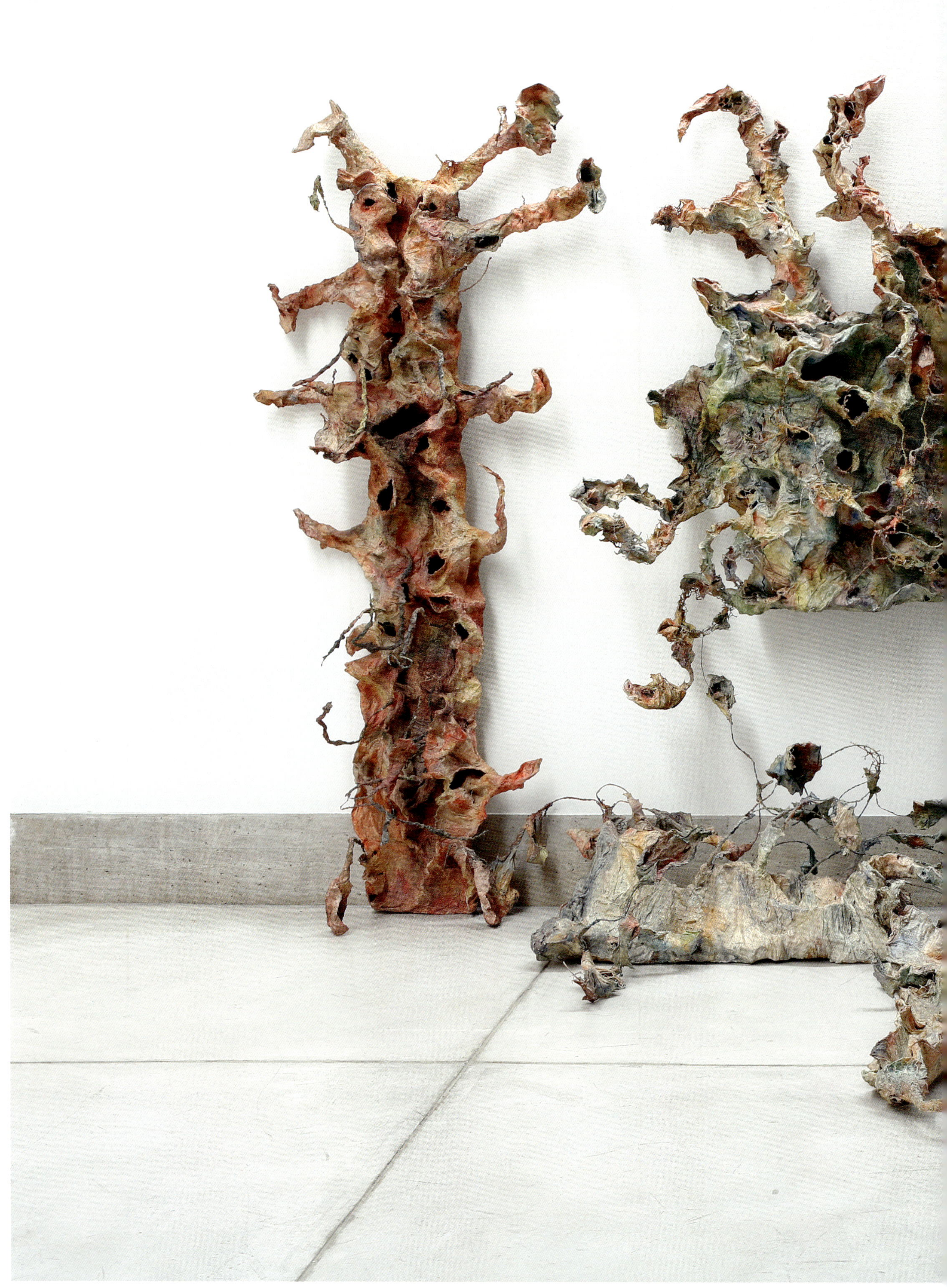

58   Moonen, 1961

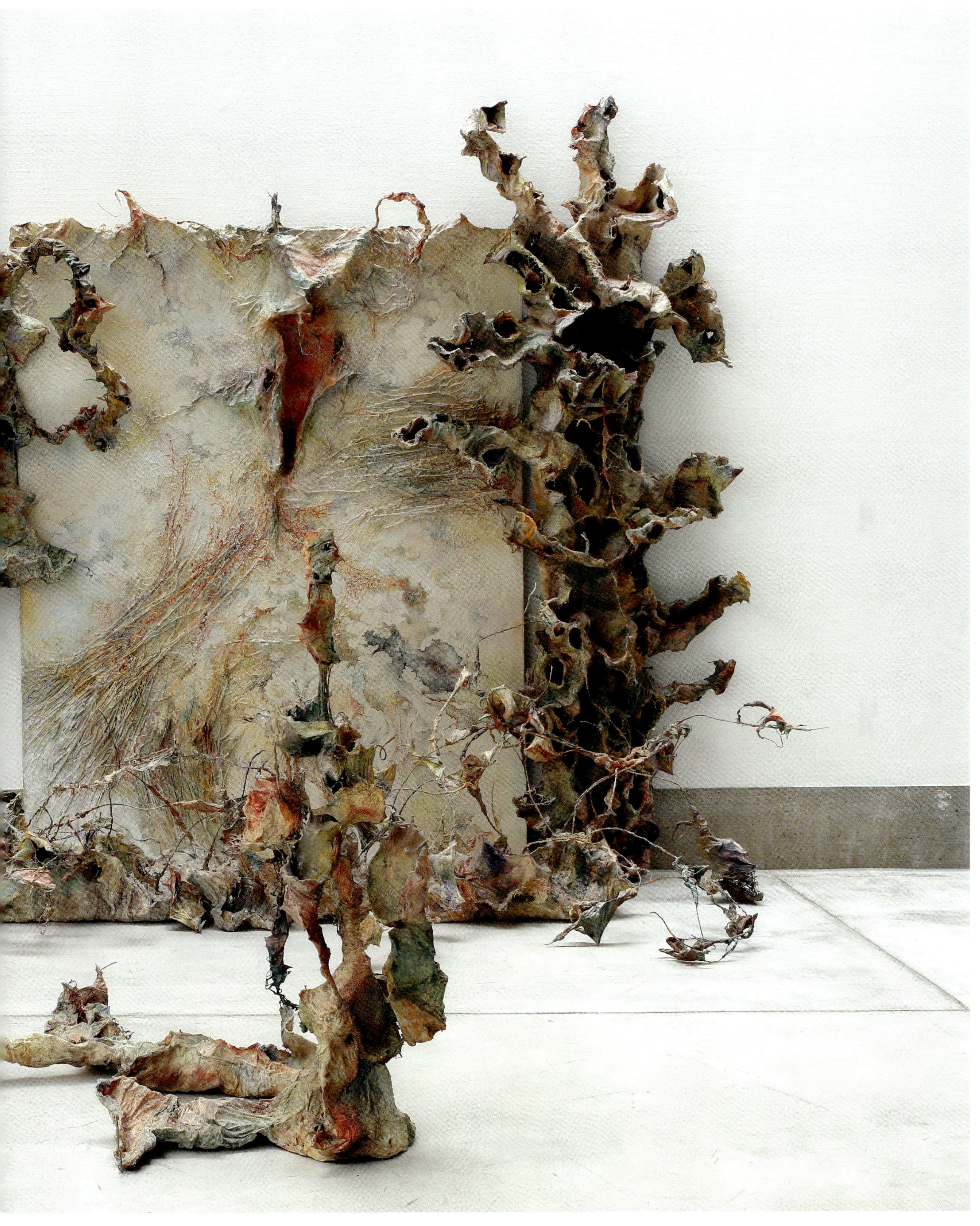

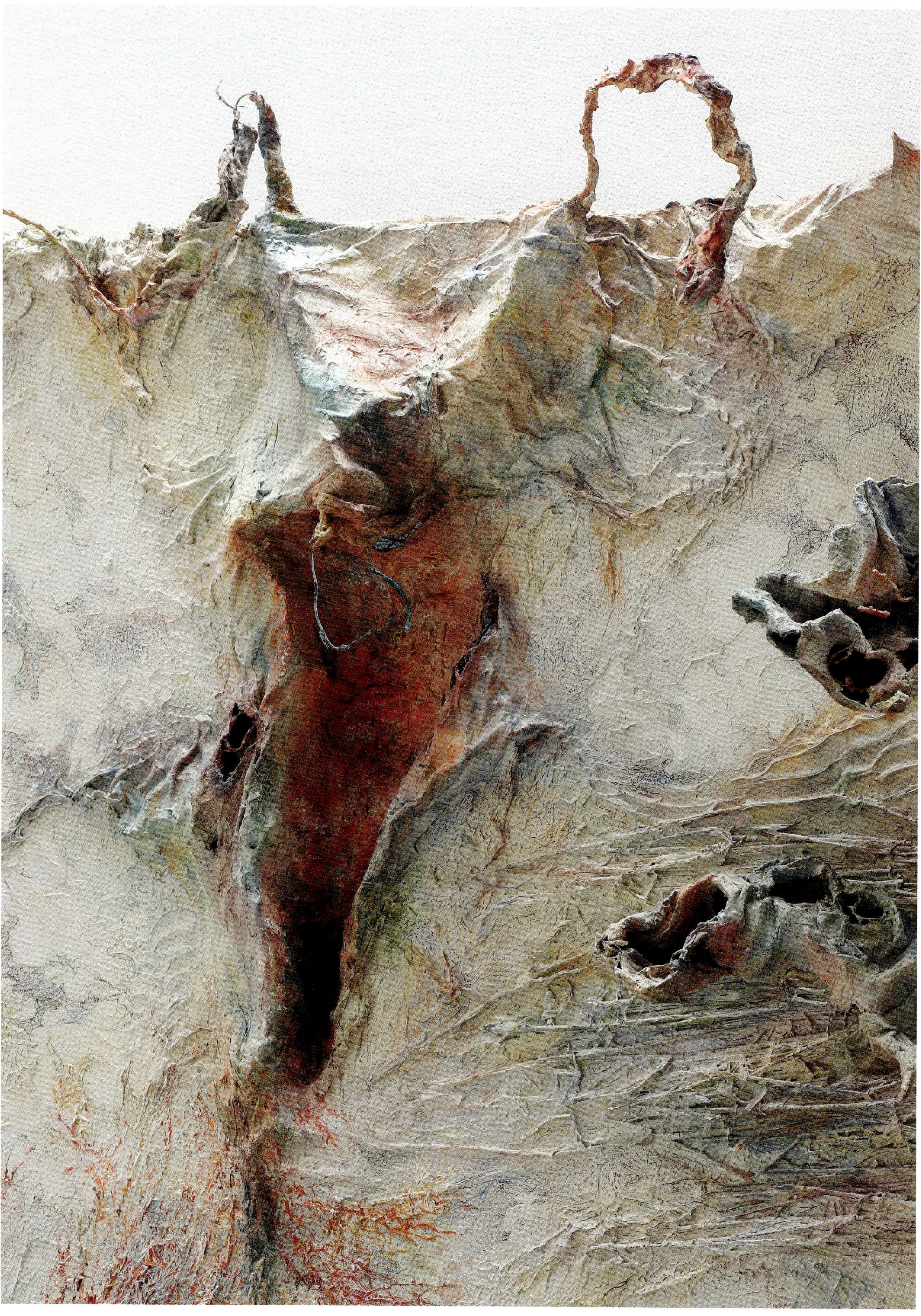

60   Moonen, Detail / detail, 1961

and literature started to intersect for me and a mutual give-and-take developed.«[10] In his essay on Bruno Schulz's *The Cinnamon Shops,* David Grossmann has described this as follows: »On every page, life was raging, exploding with vitality, suddenly worthy of its name; it was taking place on all layers of consciousness and subconsciousness, in dreams, in illusions, and in nightmares, in all organs of perception, in the language of the body and of feelings.«[11] The sentences, which branch out maze-like and sprawl into sheer boundlessness, the coinages, and onomatopoeic components are reminiscent of the works of Bernard Schultze. The mythological elements in Bruno Schulz's work, so Doreen Daume (the German translator of the *Cinnamon Shops*) spring from the dim realm of early childhood fantasies, the intuitions, fears, anticipations of that early stage of life which is the actual cradle of mythical thought. The morphogenesis of Schultze's Migofs likewise feeds on a fear-laden, formative childhood experience. He and his brother witnessed the slaughter of a cow going awry and the bleeding cow whose head was covered in a bag then blindly running through the village, terrifying the residents. »When I made my first Migofs it was the first time I took this fear, this trauma from the canvas, from the surface and lent it a three-dimensional form, though I experienced it forty years ago, in my mind, in my heart, in my soul [...].«[12] The following lines by Bruno Schulz almost seem to visualise Bernard Schultze's Migofs.

»In a moment, the plateau was strewn with strange, fantastic carrion. Before my father could reach the place of slaughter, the once splendid birds were dead, scattered all over the rocks. Only now, from near-by, did father notice the wretchedness of that wasted generation, the nonsense of its second-rate anatomy. They had been nothing but enormous bunches of feather, stuffed carelessly with old carrion, many had no discernible head, since that club-shaped part of their body bore no indications of a soul. Some were coated with fur, clotted with a pelage, like bison, and they stunk abominably. Others were reminiscent of hunchbacked, bald

mich, Bildnerisches und Literatur zu kreuzen, es kam zu einem wechselseitigen Geben und Nehmen.«[10] David Grossman beschreibt dies in seinem Essay zu Schulz' *Zimtläden* folgendermaßen: »Bei Bruno Schulz tobt das Leben auf jeder Seite; jeder Abschnitt explodiert vor Vitalität. Bei ihm hat das Leben plötzlich seinen Namen verdient: Ein gewaltiges Geschehen ereignet sich gleichzeitig auf allen Ebenen des Bewussten und des Unbewussten, auf den Ebenen der Phantasie, des Traums, des Albtraums, in allen wahrnehmenden Organen, in der Sprache des Körpers und des Empfindens.«[11] Die Sätze, die sich labyrinthartig verästeln und ins schier Unermessliche wuchern, die Wortschöpfungen und lautmalerischen Komponenten erinnern an Bernard Schultzes Arbeiten. Die Elemente des Mythologischen bei Bruno Schulz, so Doreen Daume, entspringen jenem Dämmerreich der frühen Kindheitsfantasien, den Ahnungen, Ängsten, Antizipationen jener Lebensfrühe, die die eigentliche Wiege des mythischen Denkens bildet. Auch Schultzes Gestaltwerdung seiner Migofs lebt von einer angstbesetzten, prägenden Erfahrung in der Kindheit. Er und sein Bruder waren Augenzeugen, wie die Schlachtung einer Kuh misslang, welche dann blutend mit einem Sack über dem Kopf blindlings durch das Dorf raste und es in Angst und Schrecken versetzte. »Als ich meine ersten Migofs machte, da habe ich zum ersten Mal diese Angst, dieses Trauma von der Leinwand, von der Oberfläche heruntergenommen und plastisch gestaltet, aber erlebt habe ich das vor 40 Jahren, im Kopf, im Herzen, in der Seele [...].«[12] Liest man Bruno Schulz' Zeilen, dann führen sie uns förmlich Bernard Schultzes Migofs vor Augen.

»In einem Augenblick war das Hochland mit den seltsamen phantastischen Kadavern bedeckt. Ehe mein Vater zur Stätte des Massakers eilen konnte, lag die ganze, herrliche Vogelsippe schon tot ausgestreckt auf dem Felsen. Erst jetzt, aus der Nähe, konnte mein Vater die ganze Minderwertigkeit dieser verarmten Generation betrachten, die ganze Lächerlichkeit ihrer billigen Anatomie. Es waren ungeheure Federbüschel, mehr schlecht als recht mit altem Aas ausgestopft. Bei vielen konnte man den Kopf nicht erkennen, da dieser keulenförmige Körperteil keinerlei Merkmale einer Seele aufwies. Einige waren wie Wisente mit zotteligem Fell bedeckt,

10 Ibid., p. 37.
11 Grossman, David: »The Age of Genius. The Legend of Bruno Schulz«, in *The New Yorker,* 8 June 2009.
12 In *Art 12,* December 1980, p. 85.

10 Ebd. S. 37.
11 Grossman, David: »Das unendlich Mögliche«, in: Schulz, Bruno: *Zimtläden,* aus dem Polnischen neu übers. von Doreen Daume, München 4. Aufl., vollst. Ausg. 2009 [2014] (= dtv, Bd. 13838), S. 155–180, hier: S. 162/163.
12 In: *Art,* Heft 12 / Dezember 1980, S. 85.

sie stanken abscheulich. Andere erinnerten an buckelige und kahle Kamele. Und wieder andere bestanden offenbar aus einem besonderen Papier, sie waren innen hohl, doch außen prächtig gefärbt.«[13]

Nachdem Bernard Schultze seine in den 1950er-Jahren entstandenen Malereien in den 1960er- bis 1970er-Jahren hin zu plastischen Gebilden weiterentwickelt hatte, die in den Raum drängen und wuchern und diesen dreidimensional erobern, wendet er sich in den 1980er-Jahren wieder der Malerei zu.

In einem Interview mit Willi Kemp sagt er dazu Folgendes: »Da ich alle Möglichkeiten des Dreidimensionalen vom Relief bis zum Environment realisiert habe, bin ich wieder zurückgekehrt zu großformatigen Bildern mit den Erfahrungen der Räumlichkeit, auch in Bezug auf die Farbe. Ein neues Barock stand mir vor Augen und zugleich das Erlebnis der Erdleben-Bilder in der Hochromantik«.[14]

Die so eruptiven, aufgeregten Oberflächen seiner Arbeiten, die ihn über Jahrzehnte beschäftigten und die fast gewaltsam aufgebrochen schienen, ziehen sich wieder beruhigt in die Fläche zurück. Tiefe entsteht durch Schultzes meisterlichen Umgang mit der Farbe und der Form. Er sind große Formate, die er wählt. In geringem Abstand zur Leinwand beginnt er sitzend spielerisch, ohne die Vorstellung davon, was aus der Leinwand werden wird, in der Mitte willkürlich einen Strich zu setzen. Wie von selbst entspinnt sich daraus in vielfältigsten und fein abgestimmten Farbnuancen, gleich einer Orchestrierung, ein, wie er selbst einmal sagte, »Fest für die Augen«. In Ludwig Metzgers Film *2×Informel – Ein Doppelporträt K. O. Götz und Bernard Schultze* von 2002 sagt Schultze, dass das Auge mühelos über die ganze Fläche gleiten müsse. Harmonie bestimme dann das ganze Bild, bei dem Form und Farbe ineinandergreifen. An einer Stelle im Gespräch mit Willi Kemp erklärt Schultze, er wolle auf seine Weise mit der Farbe zaubern: »Die düstere Seite, das Zerstörerische liegt mir sehr nahe, aber ich will es verwandeln in eine Kostbarkeit. Das Düstere muss glühen, muss leuchten.«[15]

Auch in Bernard Schultzes lautmalerischen »Farbexplosionen« scheint Bruno Schulz' Sprachstrudel noch einmal auf: »Es war ein gewaltiges Register aller Herbstfarben, übereinandergeschichtet und nach Tönungen sortiert, es lief wie auf

and sickly camels. And others, finally, were apparently made of a kind of paper, empty inside, albeit magnificently coloured on the outside.«[13]

Once Bernard Schultze had developed his 1950s paintings towards sculptural objects in the 1960s and 1970s—objects that push into three-dimensional space and sprawl and conquer it—he again returned to painting in the 1980s.

In an interview with Willi Kemp he explained: »Since I have realised all possible forms of the three-dimensional from the relief to the environment, I returned to large-scale paintings with the experience of this three-dimensionality, also with regard to colour. What I had in mind was a new baroque style and at the same time the experience of the earth-life-painting of High Romanticism.«[14]

The eruptive, agitated surfaces of his works, which occupied him for decades and seemed almost violently broken up, have calmed down and retreat again to the surface. Depth is created through Schultze's treatment of colour and form. He opts for large formats. Sitting close to the canvas, he playfully puts a first arbitrary line in the middle without having any idea yet how the canvas will develop. In a seemingly spontaneous manner, a »feast for the eyes«, as he himself once put it, a wide variety of finely nuanced shades of colour unfolds like an orchestration. In Ludwig Metzger's 2002 film *2×Informel – Ein Doppelporträt K. O. Götz und Bernard Schultze,* Schultze states that the eye should glide easily across the entire surface; harmony will define the entire image, with form and colour meshing. At one point in his conversation with Willi Kemp, Schultze explains he wants to perform magic with paint in his own particular way: »I relate to the sombre side, the destructive, but I want to transform it into something precious. The sombre has to glow, it has to shine.«[15]

In Bernard Schultze's onomatopoeic »colour explosions« we again find echoes of Bruno Schulz's rapturous flow of language: »They ran the gamut of all the autumn shades and went up and down though the octaves of colour. Beginning at

13 Schulz, Bruno: »Die Nacht der grossen Saison«, in: Ders. (wie Anm. 11), S. 129–155, hier: S. 144.
14 Gespräch mit Bernard Schultze am 9. 5. 1999 in Köln, in: *Die Sammlung Kemp.* Anlässlich der Ausstellung »Neue Farben – eine Auswahl aus der Sammlung Kemp«, Ausst.-Kat. Museum Kunstpalast, Düsseldorf 2011, S. 120–124, hier: S. 120.
15 Ebd., S. 121.

13 *The Complete Fiction of Schulz,* trans. Celina Wieniewska, New York 1989, p. 94.
14 Conversation with Bernard Schultze on 9 May 1999 in Cologne, in *Die Sammlung Kemp* [on the occasion of the exhibition »Neue Farben – eine Auswahl aus der Sammlung Kemp«], exh. cat., Museum Kunstpalast, Düsseldorf 2011, pp. 120–24, here p. 120.
15 Ibid., p. 121.

the bottom, they tried shyly and plaintively the contralto semi-tones, passed on to the washed-out greys of distance, to tapestry blues, and, going upwards in ever broader chords, reached deep, royal blues, the indigo of distant forests and the plush of rustling parks, in order to enter, through the ochres, reds, tans and sepias, the whispering shadows of wilting gardens, and to reach finally the dark smell of fungi, the waft of mould in the depth of autumn nights and the dull accompaniment of the darkest basses [...].«[16]

Just as we do in these lines, we lose ourselves in Schultze's dense universe of colour forms and atmospheric images, which are both labyrinthine narratives and riddles, as previously in his sculptures, only to eventually again find ourselves in our own fantasised realities.

Bernard Schultze himself was part of this conundrum and spent a lifetime looking for his hidden »self«. Working incessantly, he wanted to unravel this mystery. In Ludwig Metzger's film he describes the internal monologue in the ivory tower as the motto of his existence.

His diverse œuvre and his writings attest to this. His extensive knowledge of literature and art history, as well as his intense preoccupation with artists such as Jörg Ratgeb, Albrecht Altdorfer, Eugène Delacroix, Gustave Moreau, and James Ensor, broadened his perspective on colour, expression, light, shade, form, and composition. Each new work promised to raise the veil on the secret of the »self«. His secure starting point was always what he often called his »ivory tower«, a place of quiet and solitariness where he could embark on the venture of self-discovery. Now and then he would chance a glimpse into the outside world: »Sometimes I look out of the window of my ivory tower, only to return to my work, unwaveringly drawing little by little closer to my self.«[17]

klingenden Stufen nach oben nach unten, durch die Tonleitern aller Farboktaven. Es begann tief unten, versuchte klagend und zaghaft die schwindenden Halbtöne das Alts, ging über zur verblichenen Asche der Ferne, zum Grün und Himmelblau von Gobelins und wuchs in immer ausladenderen Akkorden empor, erreichte tiefdunkle Blautöne, das Indigo ferner Wälder und den Flaum rauschender Parks, um dann durch alle Ocker-, Rötel-, Rostrot- und Sepiaschattierungen hindurch in die raschelnden Schatten welkender Gärten zu gelangen, zum dunklen Pilzgeruch, zum modrigen Hauch in den Tiefen der Herbstnacht, zur dumpfen Begleitung der allertiefsten Bässe [...].«[16]

Genauso wie in diesen Zeilen verlieren auch wir uns in Schultzes dichtem Kosmos aus Farbformen und atmosphärischen Bildern, zugleich labyrinthische Erzählungen und Rätsel, wie schon zuvor bei seinen Skulpturen, um uns schließlich in unseren eigenen fantasierten Wirklichkeiten wiederzufinden.

Bernard Schultze war selbst Teil dieses Verwirrspiels und ein Leben lang auf der Suche nach seinem verborgenen »Ich«. Unentwegt arbeitend wollte er dieses Mysterium entschlüsseln. Im Film von Ludwig Metzger beschreibt er den inneren Monolog im Elfenbeinturm als Devise seiner Existenz.

Sein vielgestaltiges Schaffen und seine Schriften zeugen davon. Sein großes Wissen in Literatur und Kunstgeschichte sowie die intensive Beschäftigung mit Künstlern wie Jörg Ratgeb, Albrecht Altdorfer, Eugène Delacroix, Gustave Moreau und James Ensor erweiterten seinen Blick für Farbe, Ausdruck, Licht, Schatten, Form und Komposition. Jede neue Arbeit war eine Verheißung, das Geheimnis des »Ichs« zu lüften. Sein sicherer Ausgangspunkt war stets der von ihm so häufig benannte »Elfenbeinturm«, in dem er in Ruhe und Zurückgezogenheit das Wagnis des Sich-selbst-Entdeckens eingehen konnte. Ab und zu riskierte er dabei einen Blick in die Außenwelt: »Ich blicke manchmal aus dem Fenster meines Elfenbeinturms, um wieder zurück an meine Arbeit zu gehen, unbeirrt in allmählicher Annäherung an mein Ich«.[17]

16 Schulz (see n. 13), p. 86.
17 Schultze (see n. 3), p. 80.

16 Schulz (wie Anm. 13), S. 132.
17 Schultze (wie Anm. 3), S. 80.

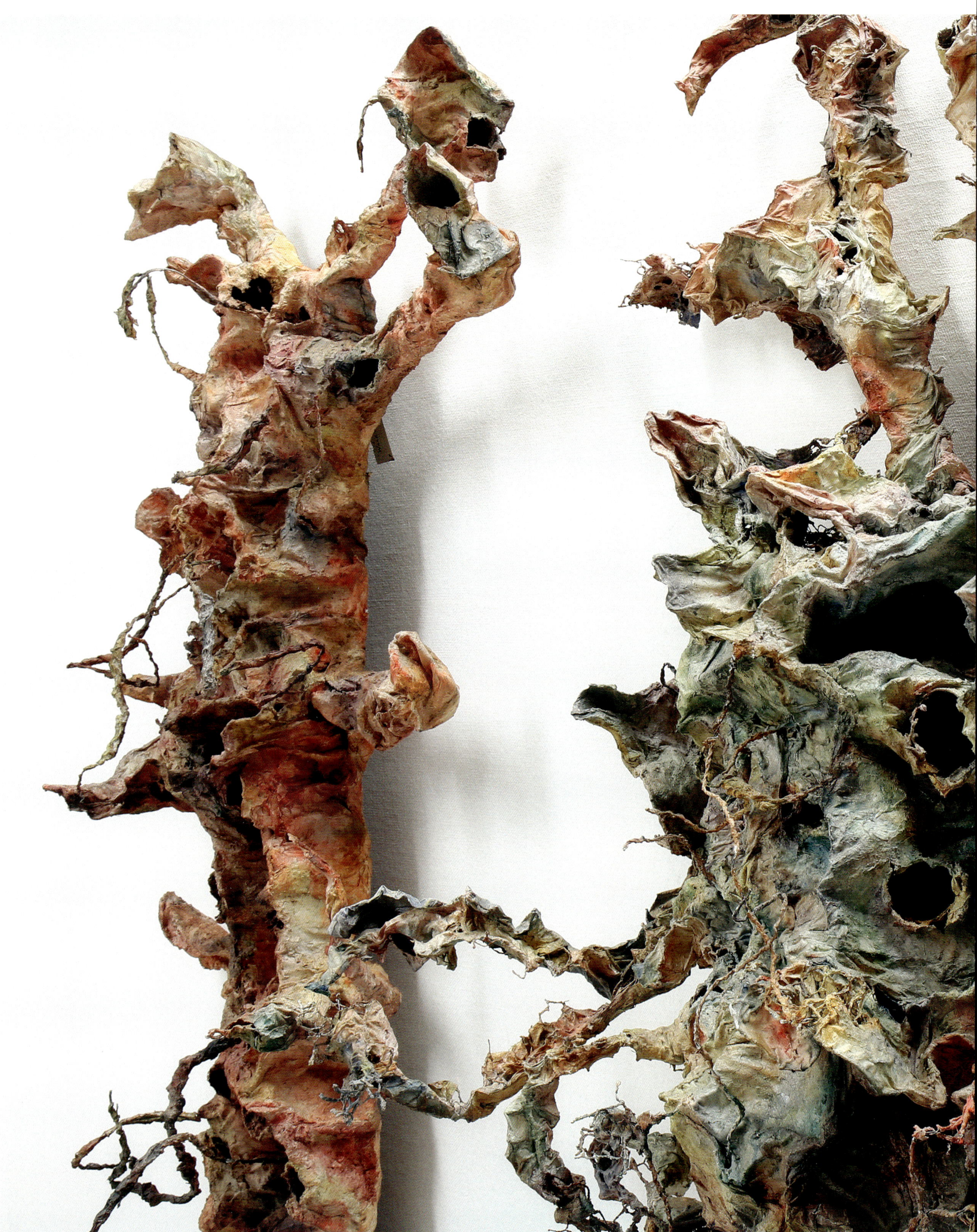

64   Moonen, Detail / detail, 1961

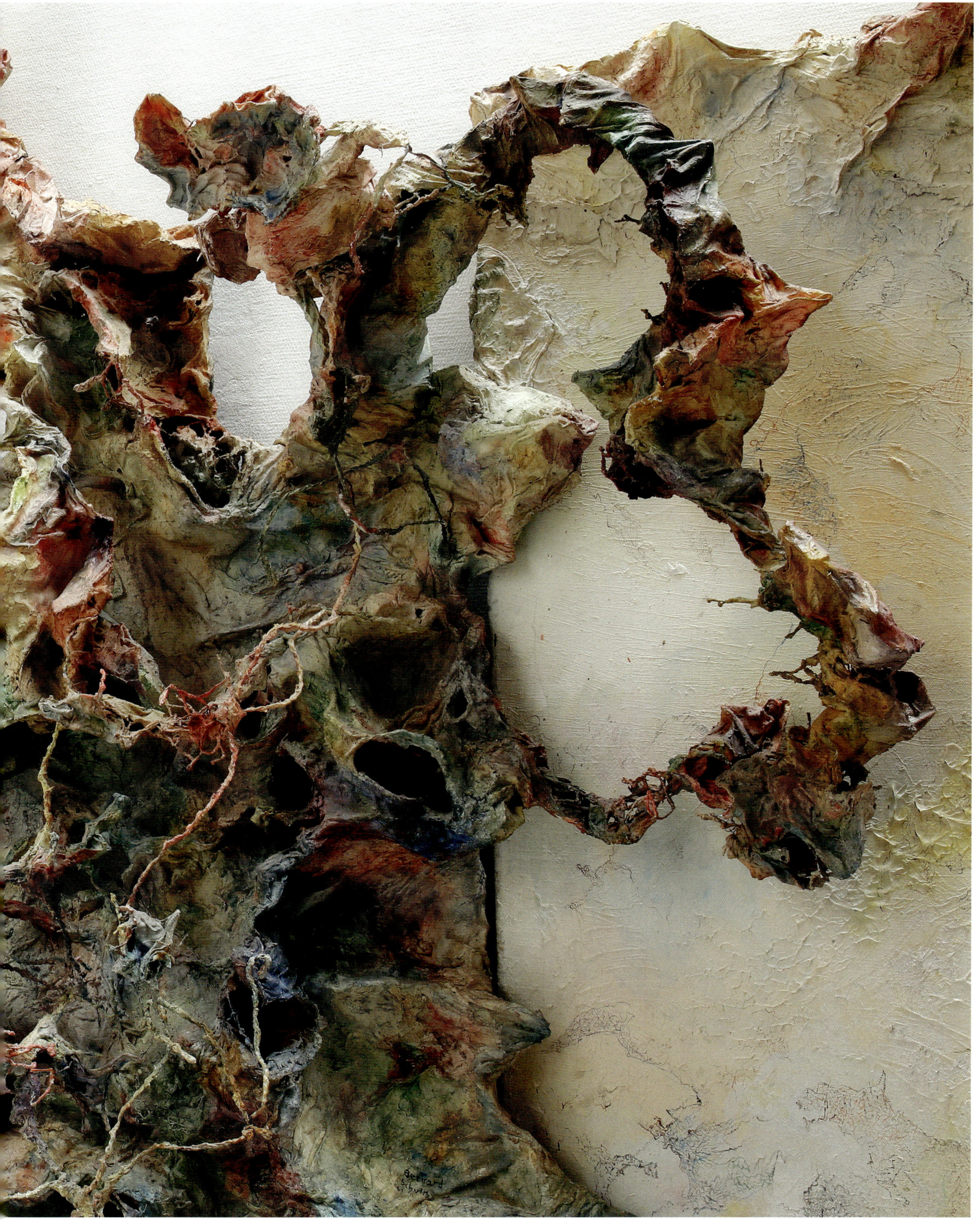

Karlheinz Gabler

Notizen zu »Moonen«
Notes on »Moonen«

FARBE auf der Flucht – ortlos – an keine Form gebunden
(außer im Zentrum)
verschwindend und wiederauftauchend im Getümmel.
Farbpanik löst antiplastisch die Form vollends auf,
nimmt ihr die Substanz, hindert sie am Erstarren.

FORM ist Aktion: Apotropaion
mit vielfacher Auffanggebärde hochgetürmt zu seiten des
Bilds – zitternd formiert als Abwehrfront vor dem Bild:
Knoten und Schlingen – steigt weit vorgetrieben
mit drohender Gebärde hoch in den Raum.
Präventiv-aggressive Kraft.

HERKUNFT archetypisch aus zwei Strömen:
Urmutter Tiamat – Grande Déesse – Madonna im Rosenhag.
Bandornament und Schlingwerk – Alraunen, Knoten und
Fratzen (Wikinger, Kelten, Goten) – Wasserspeierdämonen –
Wurzel Jesse.

BILD, mit dem der Künstler sich identifiziert, ist das Bedrohte.
Urangst mobilisiert die abwehrenden Kräfte, treibt sie weit
hinaus in den Raum. Dort gewinnt Farbe ihre größte Stärke
(zentrifugal).

BILDWELT aus Artefakten – irrational – antinaturalistisch.
Wider die Diktatur von Winkelschiene und Reißbrett, Glas
und Beton – heraufgeholt aus Wurzelgründen, geformt aus
Zorn und Zwang gestürzter Engel: Gegenschöpfung.

HYBRIS »Kunst ist inhaltsreicher und erfinderischer als das
Leben und hat überraschendere Methoden als die Natur.«
(Gottfried Benn, *Ausdruckswelt,* 1949)[1]

COLOUR on the run—placeless—not bound to any form
(save in the centre)
disappearing and resurfacing in the turmoil.
Colour panic completely dissolves form anti-sculpturally,
robs it of its substance, keeps it from solidifying.

FORM is action: apotropaion
with multiple absorbing gesture towering by the side of the
picture—deployed tremulously as a defensive front before
the picture:
knots and loops—rises pushed far ahead with a menacing
gesture high up into the space.
Preemptive-aggressive force.

ORIGIN archetypal from two currents:
primordial mother Tiamat—Grande Déesse—Madonna of
the rose bower.
Ornamental bands and decorative mesh—mandrakes,
knots, and grimaces (Vikings, Celts, Goths)—gargoyles—
the Root of Jesse.

PICTURE, which the artist identifies with, is what is
endangered.
Primal fear mobilises the defensive forces, pushing them far
out into the space. There, colour gains its greatest strength
(centrifugally).

PICTORIAL WORLD of artefacts—irrational—
anti-naturalistic.
Against the tyranny of angle bars and drawing board,
glass and concrete—raised from roots and foundations,
formed out of anger and compulsion of fallen angels:
counter-creation.

HYBRIS »Art is richer in substance and more ingenious than
life and its methods are more surprising than those of nature.«
(Gottfried Benn, *World of Expression,* 1949)[1]

1   In: *Bernard Schultze,* in Verbindung mit der Ausstellung
Phantastische Architektur, Ausst.-Kat. Staatliche Kunsthalle,
Baden-Baden 1961, o. S.

1   in *Bernard Schultze,* in assoziation with the exhibition
Phantastische Architektur, exh. cat., Staatliche Kunsthalle
Baden-Baden, 1961, n.p.

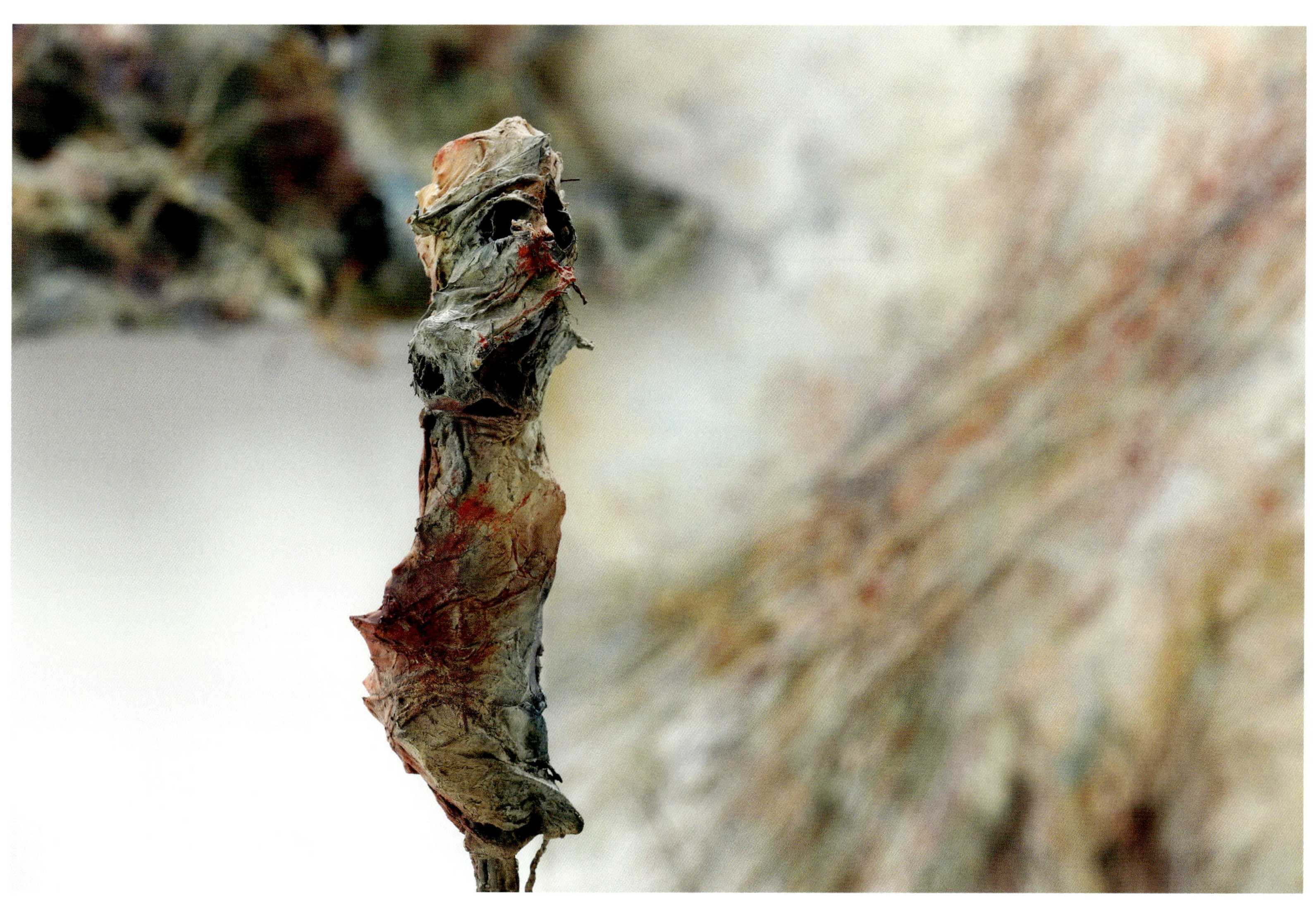

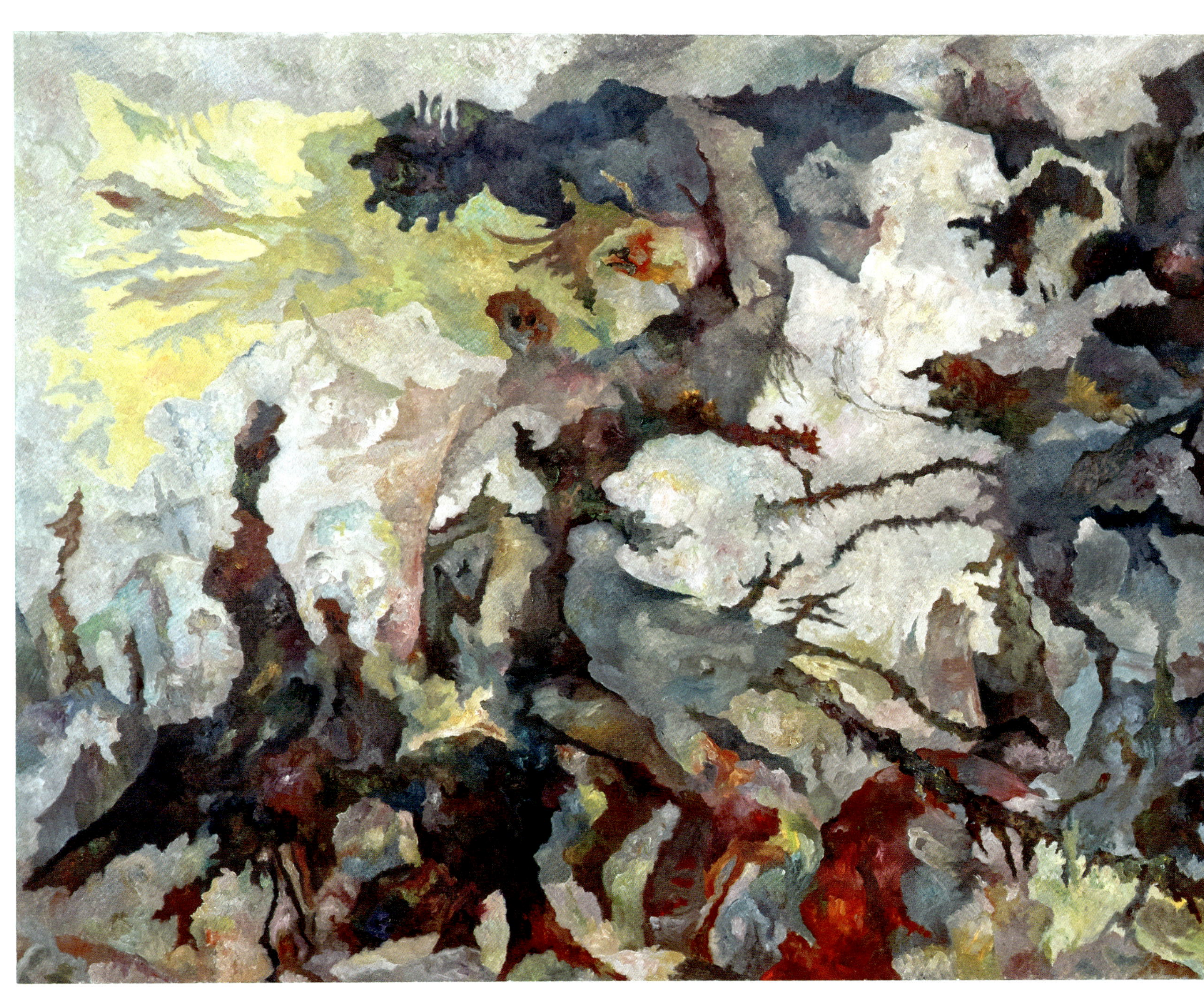

   Wirrnis eines Geflechts (Web Tangle), 1992

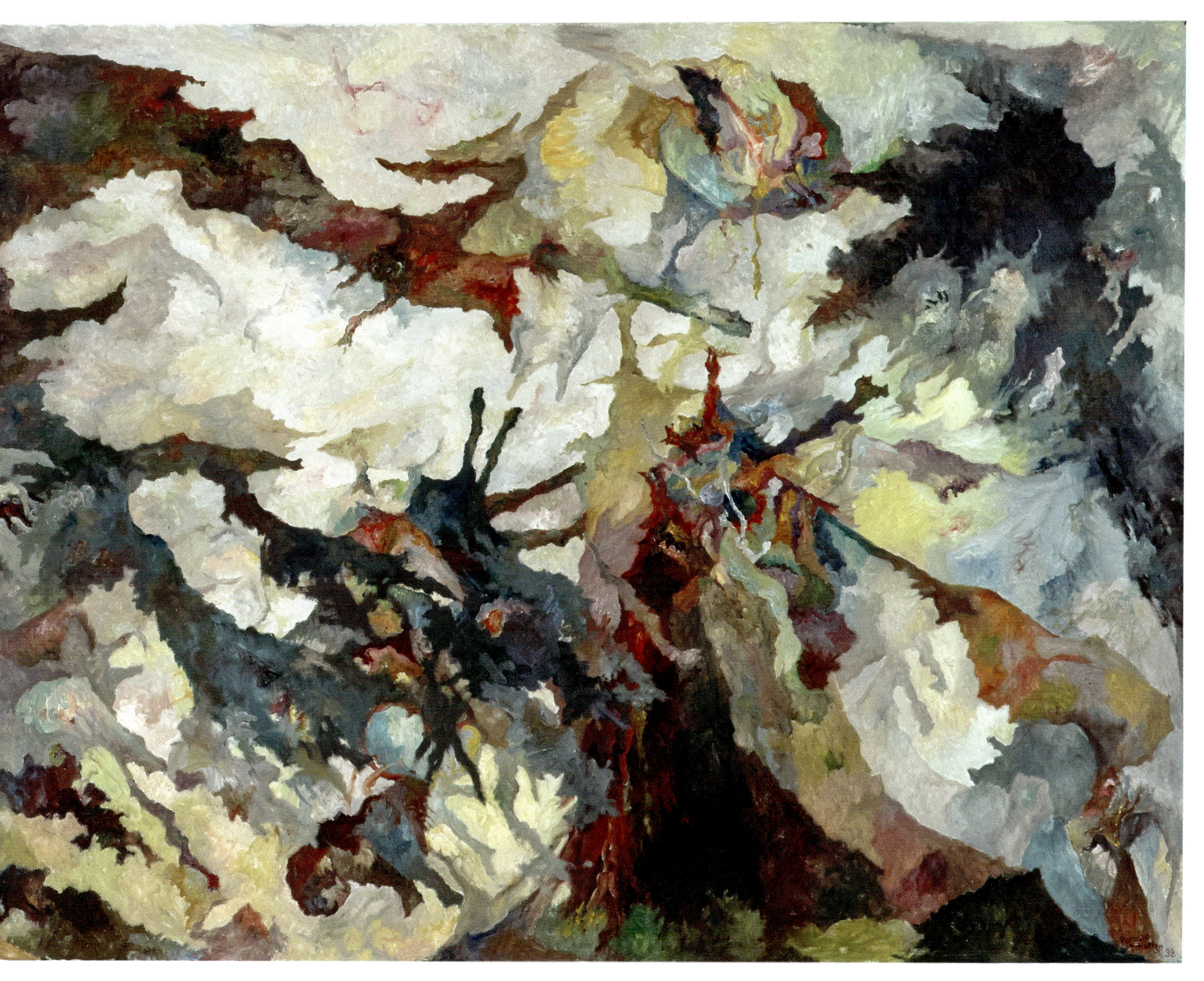

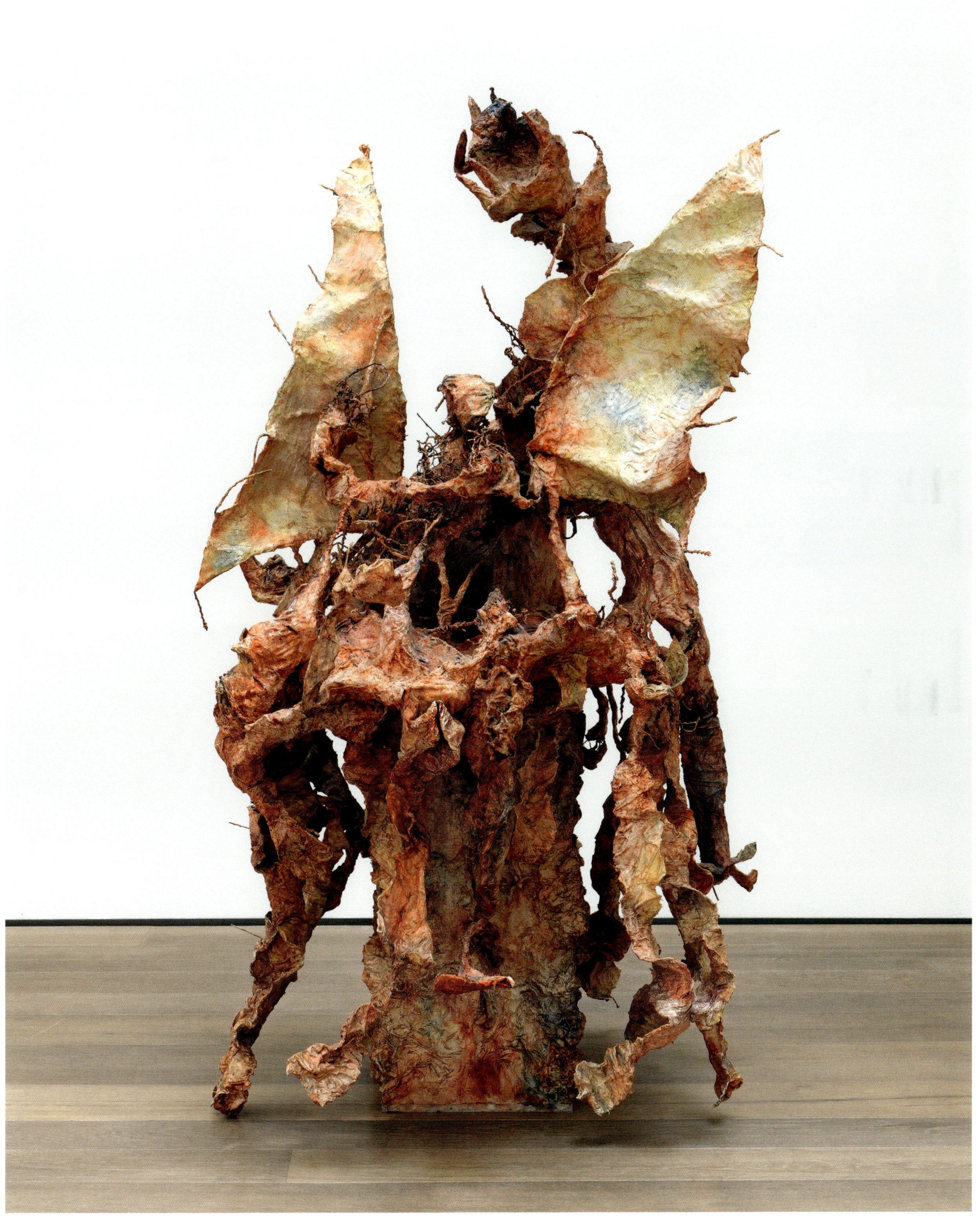

Flügeltier-Migof (Winged-Animal-Migof), 1974   71

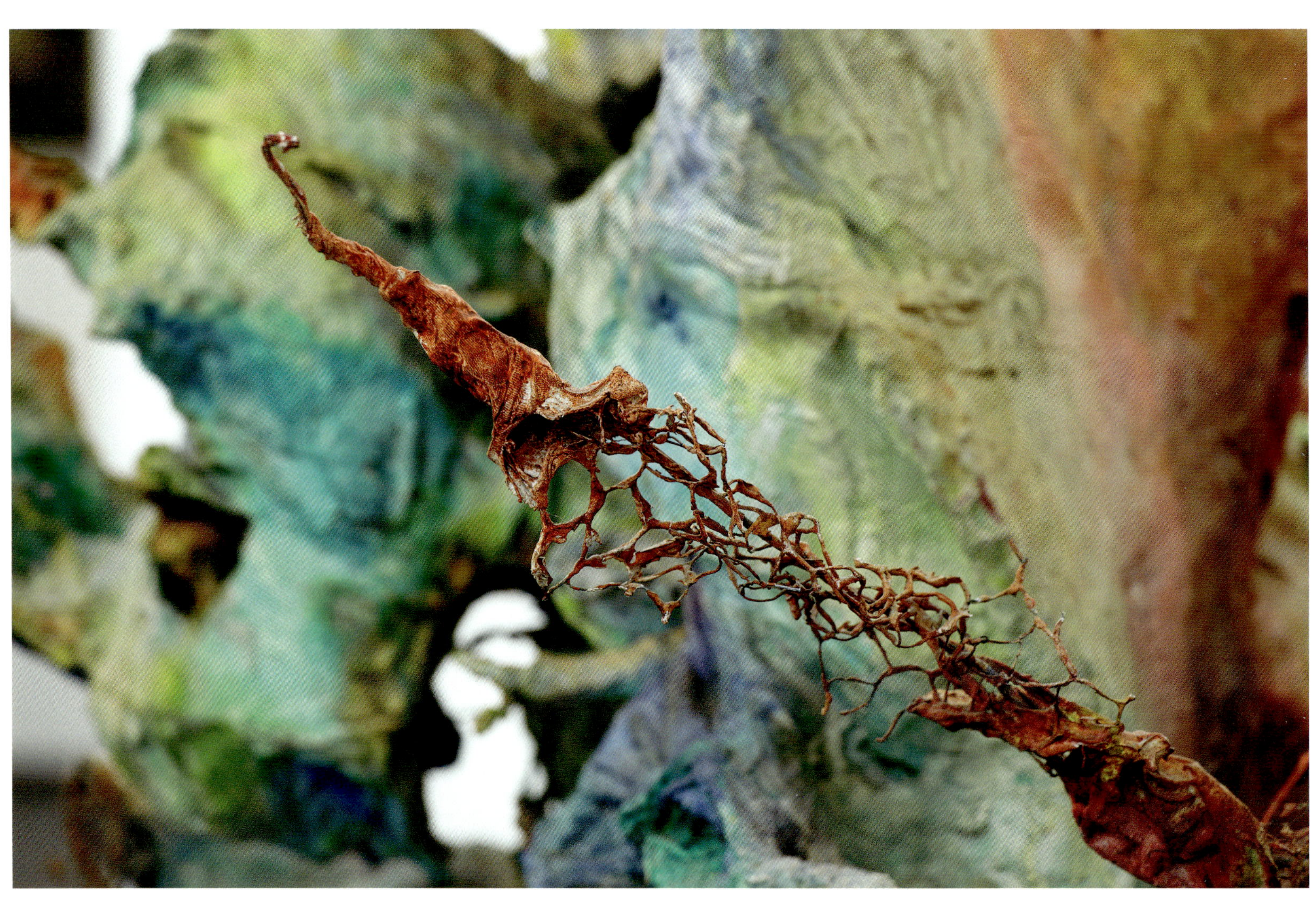

72   Myrrst, Detail / detail, 1963

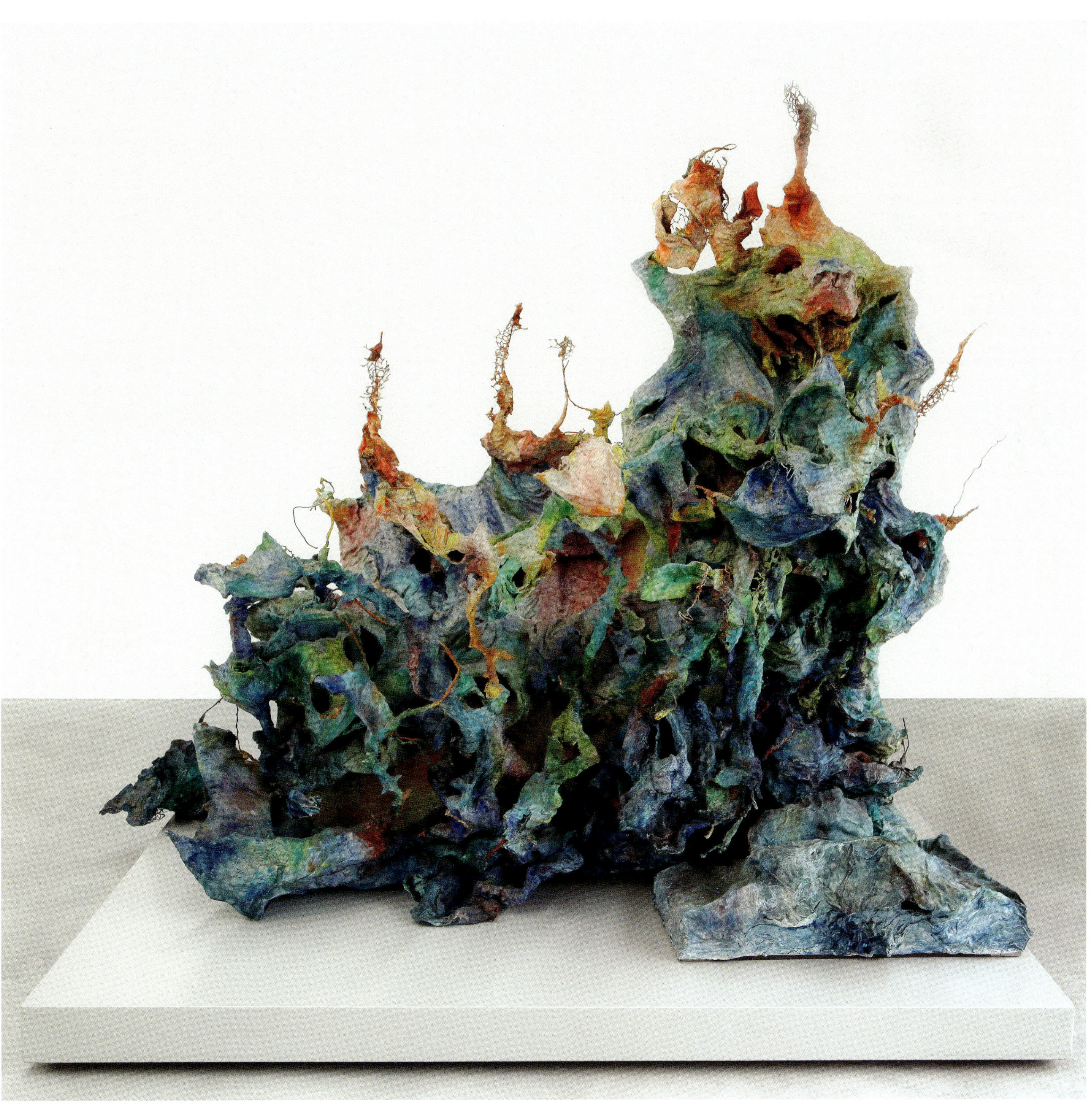

Myrrst, 1963   73

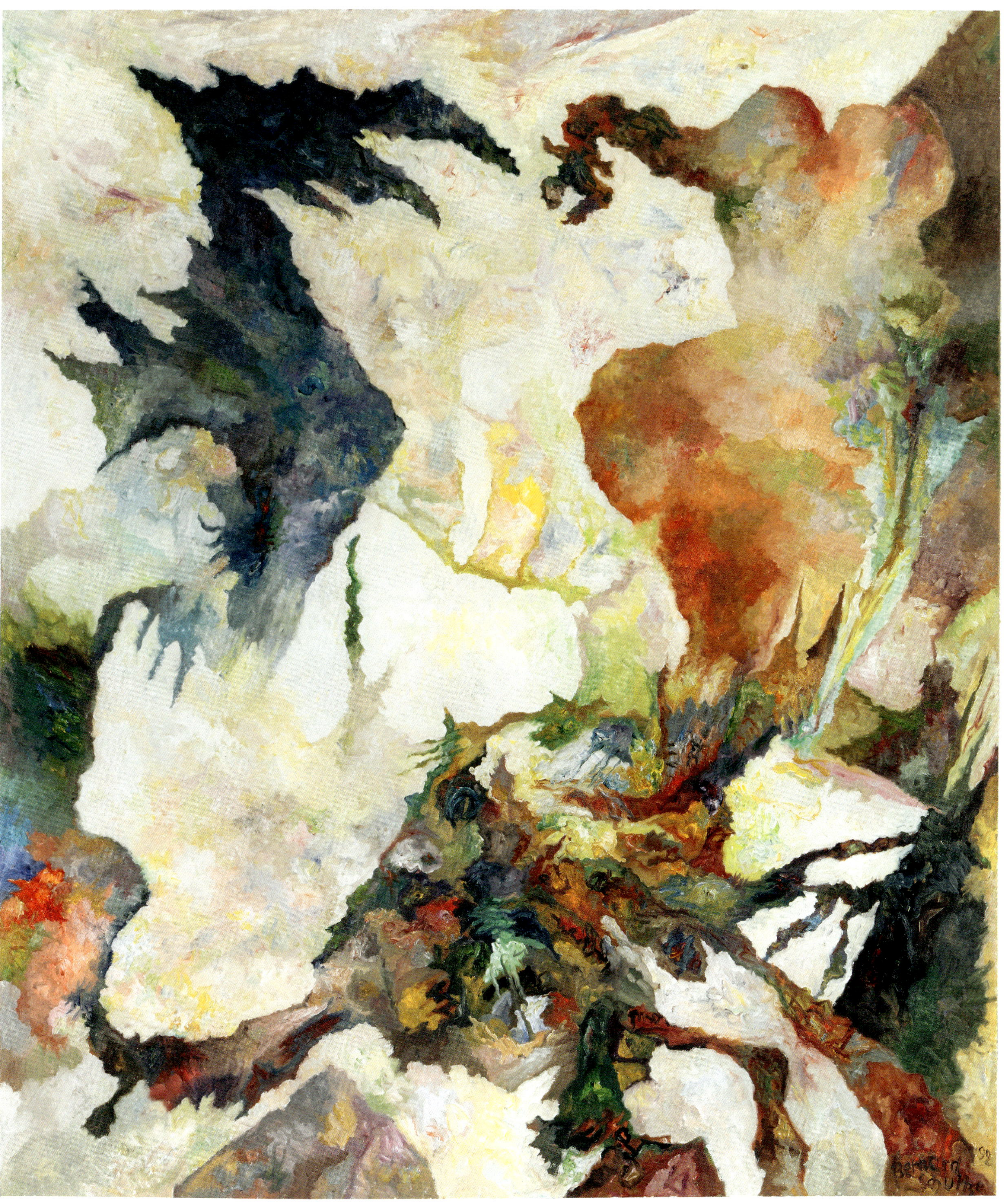

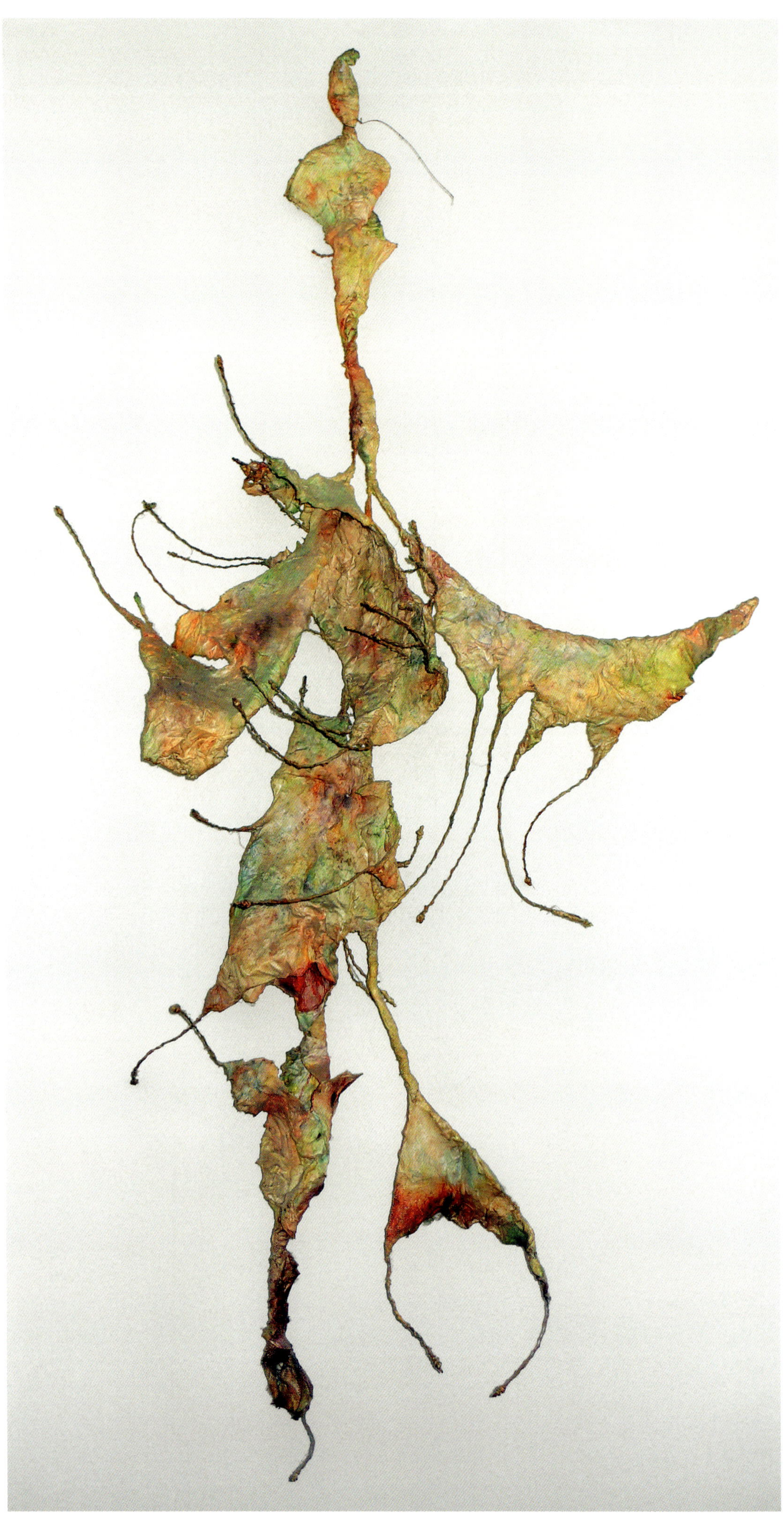

76   Gelbgrüner Hänger-Migof (Yellow-Green Hanging Migof), 1974

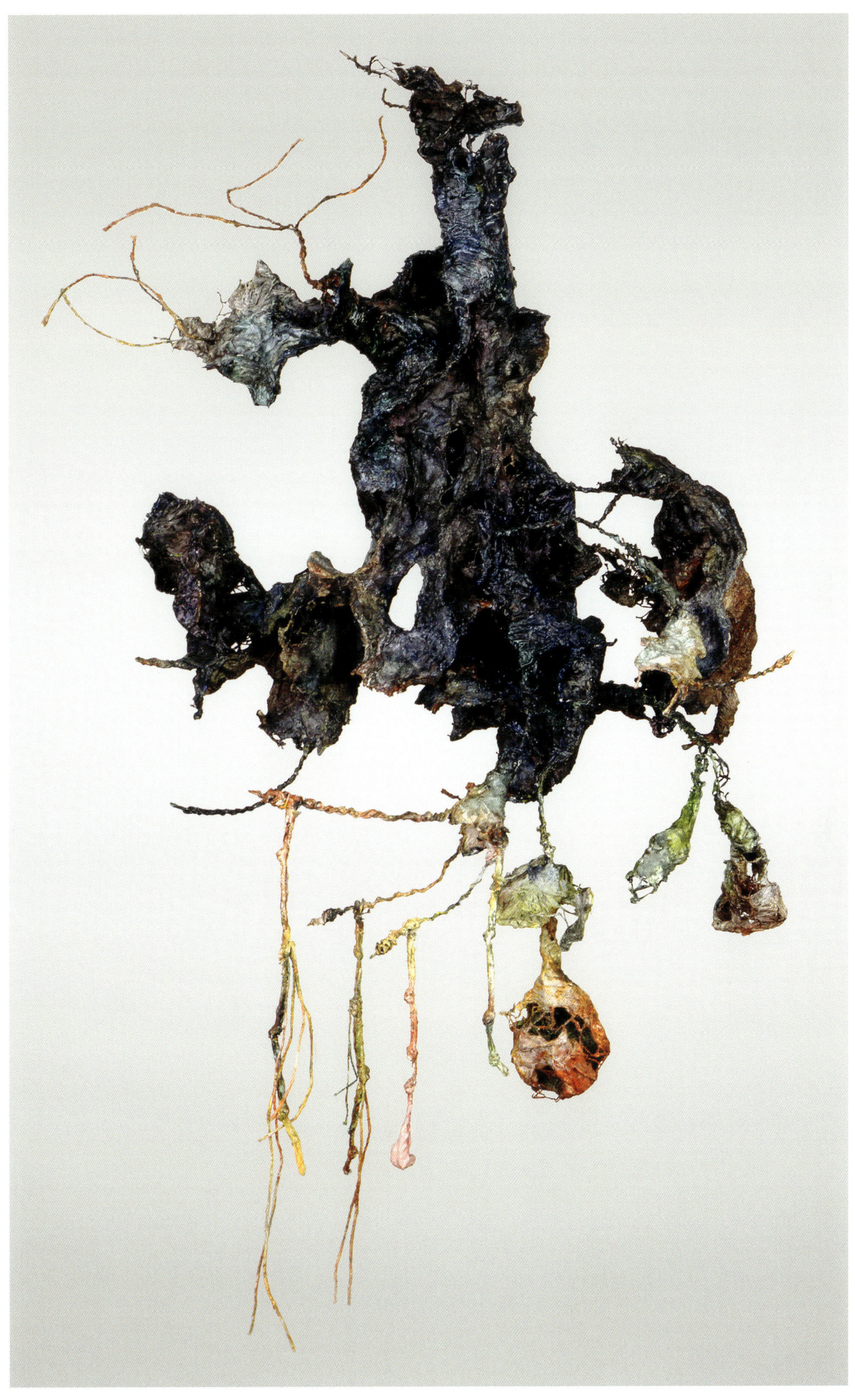

Migof Cadavéreux, 1965   77

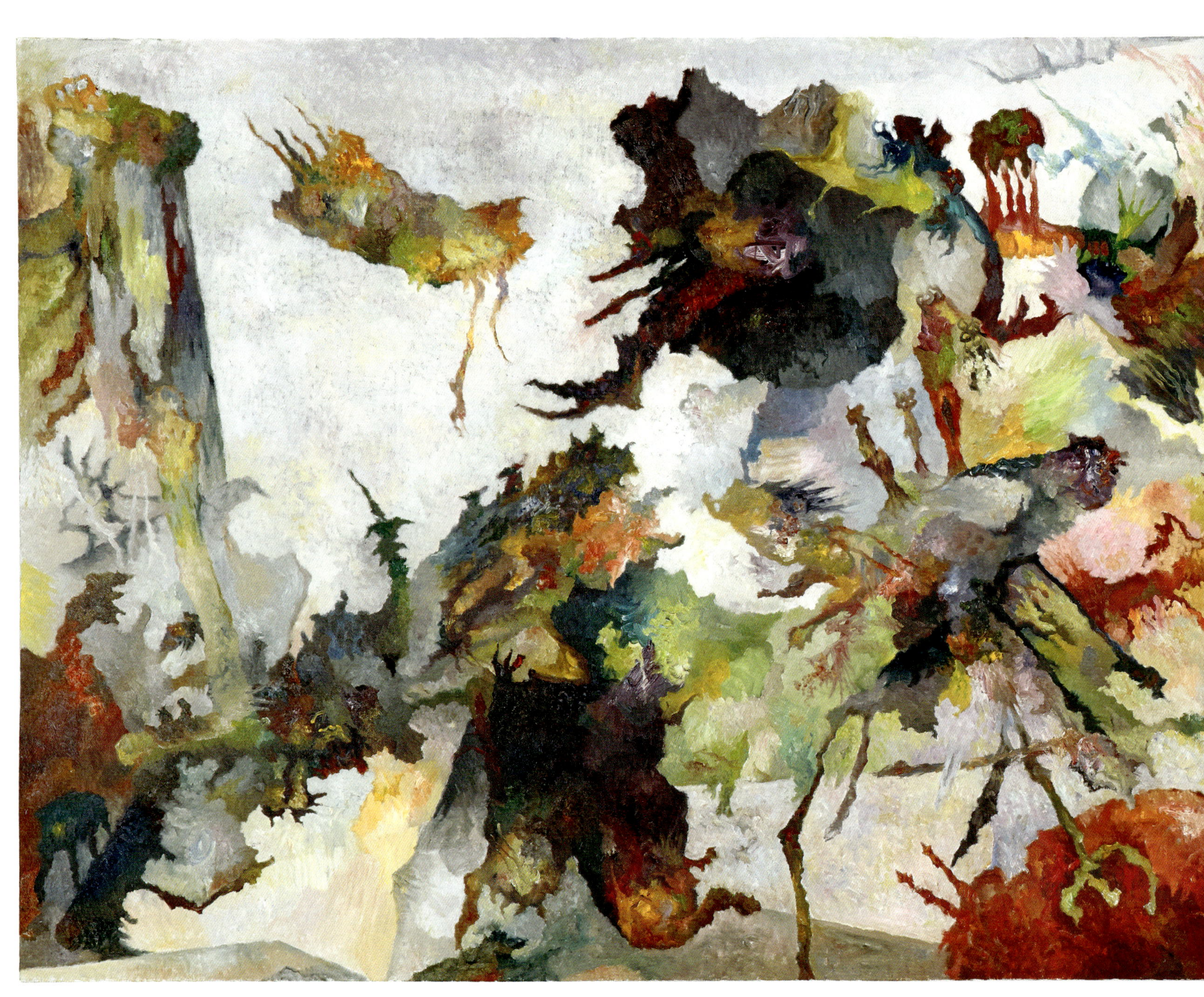

    Jean Pauls Verwirrspiel (Jean Paul's Game of Confusion), 1992

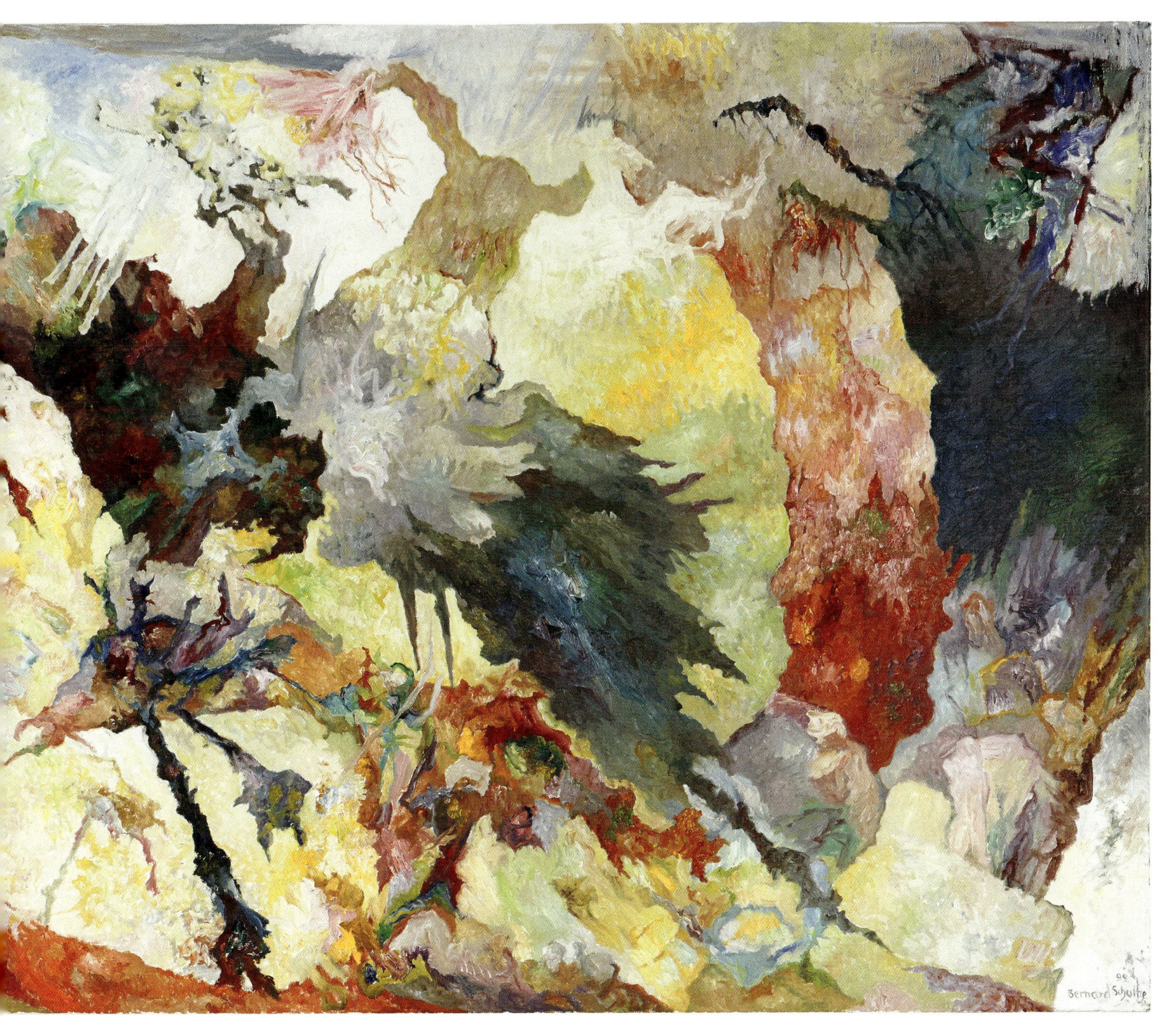

Markus Haupt

Erinnerungen an Bernard Schultze
Reminiscences of Bernard Schultze

Ein Nachmittag in Köln, Ebertplatz, im Jahre 2004

»Lyrik ist die einzig verfügbare Versicherung gegen die Vulgarität des menschlichen Herzens.« [1]
Joseph Brodsky

Wie es meine Unart ist, so kam ich – dorthin aber allein meiner großen Vorfreude wegen – auch zu diesem Besuch viel zu früh. »Bernard hält noch seinen Mittagsschlaf«, flüsterte Doris Schultze-Berger bei unserer wie immer herzlichen Begrüßung in mein Ohr, »wir lassen ihn noch eine Zeitlang ruhen«. Und so gingen wir zwei auf Zehenspitzen in das Wohnzimmer-Atelier und setzten uns an die gedeckte Kaffeetafel; einen kleinen Stapel mitgebrachter Gedichtbände legte ich auf den Tisch. Der Atelier-Wohnbereich bestand aus zwei ineinander übergehenden, in etwa gleich großen Zimmern, die durch große Fenster vom Tageslicht hell durchflutet wurden. Das Zentrum in einem der beiden Zimmer bildete Bernards Staffelei, darum gruppiert, an die Wände gelehnt, ein gutes Dutzend seiner Ölbilder – eine Welt der Kunst. In dem anderen Zimmer, hier, wo wir saßen, standen die Wände voll mit Stringregalen – eine Welt der Literatur. In beiden Welten war Bernard zu Hause, ging in ihnen ein und aus, weder Tür noch Vorhang trennte sie. Mittagsruhe aber hielt er ausnahmslos inmitten seiner eigenen Kunst; friedlich und entspannt wie die von seinen schmalen Schultern abgestreiften Hosenträger, die er so gerne trug, sah ich ihn auf einer bequemen Couch liegen; die dreibeinige Staffelei bewachte seinen Schlaf. Bernards tiefe Atemzüge übertrugen sich auf mich, mein Brustkorb öffnete sich, das Wissen um Akzeptanz stärkte mein Rückgrat.

Das Glucksen der Kaffeemaschine schien Bernard damals geweckt zu haben, freudestrahlend winkte er uns zu. Behutsam richteten wir ihn auf und halfen ihm in den Rollstuhl; zu dritt kamen wir nun am Tisch zusammen, und in einer Atmosphäre gegenseitiger Sympathie begann für mich endlich die lang ersehnte Stunde. Die Zeit des Vorlesens, Erzählens und Kuchenessens.

Mit welcher Aufmerksamkeit und welchem Interesse Bernard mir und den mitgebrachten Gedichten zuhörte, die ich vorlas, trotz oder gerade wegen unseres gewaltigen Altersunterschiedes, bleibt mir unvergesslich in Erinnerung.

An afternoon in Cologne, Ebertplatz, in 2004

»Poetry is the only insurance available against the vulgarity of the human heart.« [1]
Joseph Brodsky

True to a bad habit of mine, I arrived early for this visit, too, though in this case it was purely because of my great anticipation. »Bernard is still taking his afternoon nap«, Doris Schultze-Berger whispered into my ear, as we greeted one another warmly as usual. »We will let him sleep a while longer.« And so the two of us went on tiptoe into the living room cum studio and sat down at the laid coffee table. I put a small stack of volumes of poetry I had brought with me on the table. The studio / living area consisted of two continuous rooms of about the same size that through large windows were suffused with bright daylight. The focal point in one of the two rooms was Bernard's easel; grouped around it were a good dozen of his paintings leaning against the walls—a world of art. In the other room, the one we were sitting in, the walls were covered with String shelves—a world of literature. Bernard was at home in both worlds, moved back and forth between one and the other, without a door or a curtain separating them. Yet his afternoon nap he would invariably take in the midst of his own art. Peaceful and relaxed like the pair of braces he liked to wear, which he had slipped off his shoulders, I saw him lying on a comfortable couch, with the tripod easel guarding his sleep. Bernard's deep breathing was contagious: my rib cage opened up. Knowing that I was accepted strengthened my spine.

The gurgling of the coffee machine seemed to have woken up Bernard at the time; radiant with joy, he waved to us. Carefully, we lifted him up and helped him into his wheelchair. The three of us now joined at the table and in an atmosphere of mutual congeniality the time I had long awaited finally began: the time of reading, recounting, and eating cake.

The focus and keen interest with which Bernard listened to me as I read the poems I had brought along, despite—or indeed because of—our huge age difference, will be forever

---

1 Häufig zitierte Sentenz von Joseph Brodsky; Quelle unbekannt, hier zit. nach: Brodsky, Joseph: *Brief in die Oase,* München/Wien 2006 [Klappentext].

1 A much-quoted aphorism by Joseph Brodsky; source unknown, here taken from Brodsky, Joseph: *Brief in die Oase,* Munich and Vienna 2006 [blurb].

etched in my memory. And maybe this was one of the reasons, I am thinking, why Bernard, too, always appeared so youthful to me. The olfactory mix created by freshly brewed coffee and turpentine impregnated the room and seemed to sharpen our senses like a kind of stimulant. I still remember today which volumes of poetry I had selected for our get-together and with which verses I started the declamation:

[…]
Meanwhile the painter starts to explain:

—If I should ever have to paint a nude
and there the girl was waiting by the easel
just as a patient in a surgery
waits for the silver acupuncture needles,
perhaps I'd rather paint the quiet sadness of the things
all around us here
than the girl's living skin,
in whose sweet hues as in a fountain
spring washes its impatient eyes.

—In the outlines of the things on which I look
I paint what the eye does not see
and that is art.

—But as a fisherman draws from a living fish
Transparent roe,
I force from things,
if need be by brute force, their tears.
And that is poetry.
[…]²

And there it was again: Bernard's approval, his capacity for enthusiasm. »There is nothing more to be said«, he said, quoting by heart the words of the poet whom he held in the greatest esteem—the words that precede these reminiscences. Once he had started, he referred to one poet after another, from Joseph Brodsky via Michael Hamburger to Peter Huchel—whom he knew personally, too—and so it was only natural that Doris Schultze-Berger took down an autographed copy of Huchel's *Chausseen, Chausseen* (Roads) from the shelf to let Bernard read in it.

Und vielleicht, so denke ich, war dies einer der Gründe, warum Bernard auf mich immer auch jugendlich wirkte. Das Geruchs-Gemisch aus frisch aufgebrühten Kaffee und Terpentin, welches die Zimmer schwängerte, schien als eine Art Stimulanz unsere Sinne zu schärfen. Noch heute weiß ich, welche Gedichtbände ich für unser Beisammensein ausgesucht, mit welchen Versen ich das Vortragen begonnen hatte:

[…]
Inzwischen jedoch begann der maler zu erzählen.

– Wenn ich einmal einen akt malen sollte,
und eine frau würde warten hinter der staffelei,
wie im sprechzimmer die patientin wartet
auf die silbernen nadeln der akupunktur,
ich würde wohl lieber die stille trauer der dinge malen,
die hier um mich sind,
als die lebendige mädchenhaut,
in deren süßen abtönungen wie in einem waldbrunnen
der frühling die ungeduldigen augen badet.

– In den umrissen der dinge, die ich betrachte,
male ich das, was die augen nicht sehen.
Und das ist Kunst.

– So wie der fischer aus lebendigen fischen den
durchsichtigen rogen preßt,
nötige ich vielleicht mit gewalt
den dingen ihre tränen ab.
Und das ist das Gedicht.
[…]²

Und da war sie wieder: Bernards Zustimmung, seine Begeisterungsfähigkeit. »Dem ist nichts hinzuzufügen«, sagte er und zitierte aus dem Kopf jene Zeilen des Dichters, den er über alle Maßen schätzte und welche ich diesen Erinnerungen vorangestellt habe. Einmal angefangen, kam er von einem Dichter auf den anderen zu sprechen, von Joseph Brodsky über Michael Hamburger zu Peter Huchel – auch ihn kannte er persönlich –, und so war es beinahe eine Selbstverständlichkeit, dass Doris Schultze-Berger dessen signierten Band *Chausseen, Chausseen* aus dem Bücherregal zog, um Bernard darin lesen zu lassen.

2 Excerpt from Seifert, Jaroslav: »A Visit to the Painter Vladimir Komárek«, in *The Poetry of Jaroslav Seifert,* trans. Ewald Osers, North Haven CT 1998, pp. 48–9.

2 Gedichtauszug, zit. nach: Seifert, Jaroslav: »Beim Maler Vladimir Komárek«, in: Ders.: *Erdlast. Gedichte,* Hauzenberg 1985, o. S.

Selten geschah es, dass ich Gedichte las, dessen Verfasser Bernard nicht kannte – an diesem Tag hatte ich »Glück«: Ob er den Dichter Wolfgang Hilbig kenne, dessen Verse mich an seine eigenen, noch mehr aber an seine Malerei erinnern? Gut könne ich mir Hilbigs Zeilen[3] auch als Titel unter seinen gewaltigen Bilderwelten denken ...

das ende der jugend

es kamen schwarze sonnen bald und selten
rote sonnen – wolken waren gelbliches gewüchs
und lang vergeblich glaubte ich noch ich ertrügs
dächt ich mir heitre sommer über meine welten

und letztlich schwände dies mit den oktobern –
doch eines morgens war ein rauhreif in das laub gefressen
und ich erschrak vergaß mich – im vergessen
begann die kalte angst mich zu erobern

seitdem vergesse ich dem winter zu entkommen
versäum die pflicht die jeder tag mir auferlegt:
die sonnen die im sommer rot verglommen

zu bannen in mein wort für spätre zeiten –
schon ist die erde ganz von farben leergefegt
und schwärenhafte träume streifen in den weiten.

Ich merkte, dass diese Verse Bernard besonders gut gefielen; so las ich ein zweites Gedicht, das eine Zwillingsschwester von seinen eigenen hätte sein können.

spiegel und säge

interieurs.
sand fault unterm haus
und die bäume seufzen vor nässe

chaos. in den spiegeln die
spiegel reißen vor schmerz splitternd
brechen viele bäume. gräßliche zähne

märz. fratze voll moder
und mord. raum für die wurzeln der wasser

When I was reading poems to him, it rarely happened that Bernard was unable to tell who had authored them. On that day I was »lucky«: I asked him if he was familiar with the poet Wolfgang Hilbig whose verses reminded me of his, Bernard's, own poetry and, even more so, of his painting. Indeed, I could well imagine Hilbig's lines[3] as a caption under his prodigious imagery...

the end of youth

black suns soon came and seldom
red suns—clouds were a yellowish growth
and long in vain i thought i could still take it
imagining sunny summers over my worlds

ultimately, this would fade with the octobers,
yet one morning hoar frost had eaten into the foliage
and i startled, forgot myself, and in forgetting,
cold fear started to overtake me

since then i forget to escape winter
neglect the duty every day places on me:
the suns that smouldered out in summer, red

to capture in my word for future times—
already earth is completely emptied of colours
and boil-like dreams roam the expanses.

Noticing that these verses very much appealed to Bernard, I read a second poem, one that could have been a twin sister of his own ones.

mirror and saw

interiors.
sand decaying underneath the house
and the trees sigh with wetness

chaos. in the mirrors the
mirrors crack in pain splintering
many trees break. atrocious teeth

march. mug full of must
and murder. space for the roots of the waters

3 Die drei Gedichte sind zit. nach: Hilbig, Wolfgang: *Werke,* hrsg. von Jörg Bong, 6 Bde., Frankfurt am Main 2008–13, Bd. 1, *Gedichte,* Frankfurt am Main 2008, S. 27 (»trauer, braun und blau«); S. 52 (»das ende der jugend«); S. 64 (»spiegel und säge«).

3 The three poems are quoted from Hilbig, Wolfgang: *Werke,* ed. by Jörg Bong, 6 vols., Frankfurt am Main 2008–13, vol. 1, *Gedichte,* 2008, pp. 27 (»grief. brown and blue«), 52 (»the end of youth«), and 64 (»mirror and saw«).

And since Bernard did not interrupt me, but was, instead, all devotion, his beautiful artist's head lowered to his chest, I read one last poem by Wolfgang Hilbig.

grief. brown and blue

going slowly is good—
so as to slowly find the nocturnal one-way—
slowly transformed into the evening smoke
breathing in the black sheen of rain the
hair so blue of a lover
walking pensively along
behind one's own shadow—
in the brown sanguine scent of moist trees
dreaming that it is water throbbing against one's chest
when the dark birds of this wilderness rest
when the erratic grass of sorrow by the road
squirms while sleeping—

what was it o night
what in this grass did
so cruelly tousle my shadow—

or was it your shadow—
was it the shadow of the wet night
that preceded me this brown moment
a tree away a blue call away?

Out of the focused silence into which the verses toddled off Bernard raised his large hands, which had rested in his lap like tame pets during the reading, to ring down the curtain with an emphatic gesture; heard enough, soul filled to the brim!

I knew this gesture and the restlessness that immediately followed, a restlessness that always came over Bernard when he wanted to continue with that which, to him, was most important, indeed, vitally important: painting.

A short time later he was already immersed and, trusting his subconscious, continued his work on an oil painting.

Und da mich Bernard nicht unterbrach, sondern, ganz Hingabe war, den schönen Künstlerkopf halb auf seine Brust gesenkt, las ich ein letztes Gedicht von Wolfgang Hilbig.

trauer. braun und blau

langsam gehen ist gut –
um langsam den nächtlichen einweg zu finden –
langsam in den abendrauch verwandelt
einatmen den schwarzen glanz des regens das
so blaue haar einer geliebten
gedankenvoll gehen
hinter dem eigenen schatten einher –
im braunen blutduft feuchter bäume
träumen daß es wasser ist was an die brust pocht
wenn die dunklen vögel dieser wildnis ruhen
wenn im schlaf sich windet
am weg das fahrige gras des grams –

was war es o nacht
was hat mir in diesem gras
so grausam meinen schatten zerrauft –

oder war es dein schatten –
war es der schatten dieser nassen nacht
der mir diesen braunen augenblick vorrausging
einen baum weit einen blauen anruf weit?

Aus der konzentrierten Stille, in welche die Verse fortgingen, hob Bernard seine großen Hände, die während des Vorlesens wie zahme Haustiere in seinem Schoß ausruhten, um mit einer unterstreichenden Geste einen Schlussstrich zu ziehen; genug gehört, die Seele randvoll!

Ich kannte diese Geste und die unmittelbar darauffolgende Unruhe, die Bernard immer dann überkam, wenn er mit dem weitermachen wollte, was ihm am wichtigsten, für ihn von existenziellem Belang war: das Malen.

Kurze Zeit später war er auch schon versunken, seinem Unterbewusstsein vertrauend, malte er weiter an einem Ölbild.

Als ich mich an diesem Nachmittag von Bernard verabschiedete – wie immer reichten wir uns freundschaftlich die Hände und blickten uns in die Augen –, erzählte ich ihm, dass ich am nächsten Tag in der Taubengasse 11 bei Hans Bender zu Besuch sein werde. Natürlich kannten sich die beiden in Köln lebenden Dichter, und Bernard bat mich, seinem lieben Kollegen als Gruß eine von seinen Buntstiftzeichnungen mitzubringen. Wie ich es selbst immer wieder erfahren durfte: Eine von Bernards herausragenden Eigenschaften war seine Großzügigkeit.

Als ich ein paar Tage später im Zug nach Hause in Richtung Hamburg saß, über Nacht hatte es geschneit, da dachte ich an Bernard, an unsere gemeinsame Zeit in seiner hellen Wohnung, und beim Blick aus dem Zugfenster über die vorbeiziehenden Felder kamen mir die ersten Zeilen[4]:

Für Bernard Schultze

Unter dem Diktat des Unbewußten
betrachte ich das Bild
auf deiner Palette

…

Auf der Heimfahrt vorbei an Feldern –
vom Winter frisch aufgezogene Leinwände
außerhalb der Geborgenheit

Den Terpentingeruch noch in der Nase
halluziniere ich ihnen
deine Farben

When I bid goodbye to Bernard on this afternoon, as always cordially joining hands and looking one another in the eye, I told him I would be visiting Hans Bender at Taubengasse 11 the next day. Of course, the two Cologne-based poets knew one another and Bernard asked me to take one of his coloured pencil drawings as a salute to his dear colleague. As I myself was fortunate enough to witness again and again, one of Bernard's preeminent qualities was his generosity.

While sitting on the train home to Hamburg a few days later, after it had snowed overnight, I thought of Bernard, of our time together in his bright apartment, and while looking out of the train window at the fields passing by, the first lines[4] came to me:

For Bernard Schultze

According to the dictate of the unconscious
I view the painting
on your palette

…

On the way home past fields—
canvases freshly mounted by winter
beyond comfort

The smell of turpentine still in my nose
I hallucinate on them
your colours

4   Gedichtauszug, zit. nach: Haupt, Markus: *Mit erhobenen Händen vor all den gemeinsamen Jahren,* Hauzenberg 2014, S. 15.

4   Excerpt from Haupt, Markus: *Mit erhobenen Händen vor all den gemeinsamen Jahren,* Hauzenberg 2014, p. 15.

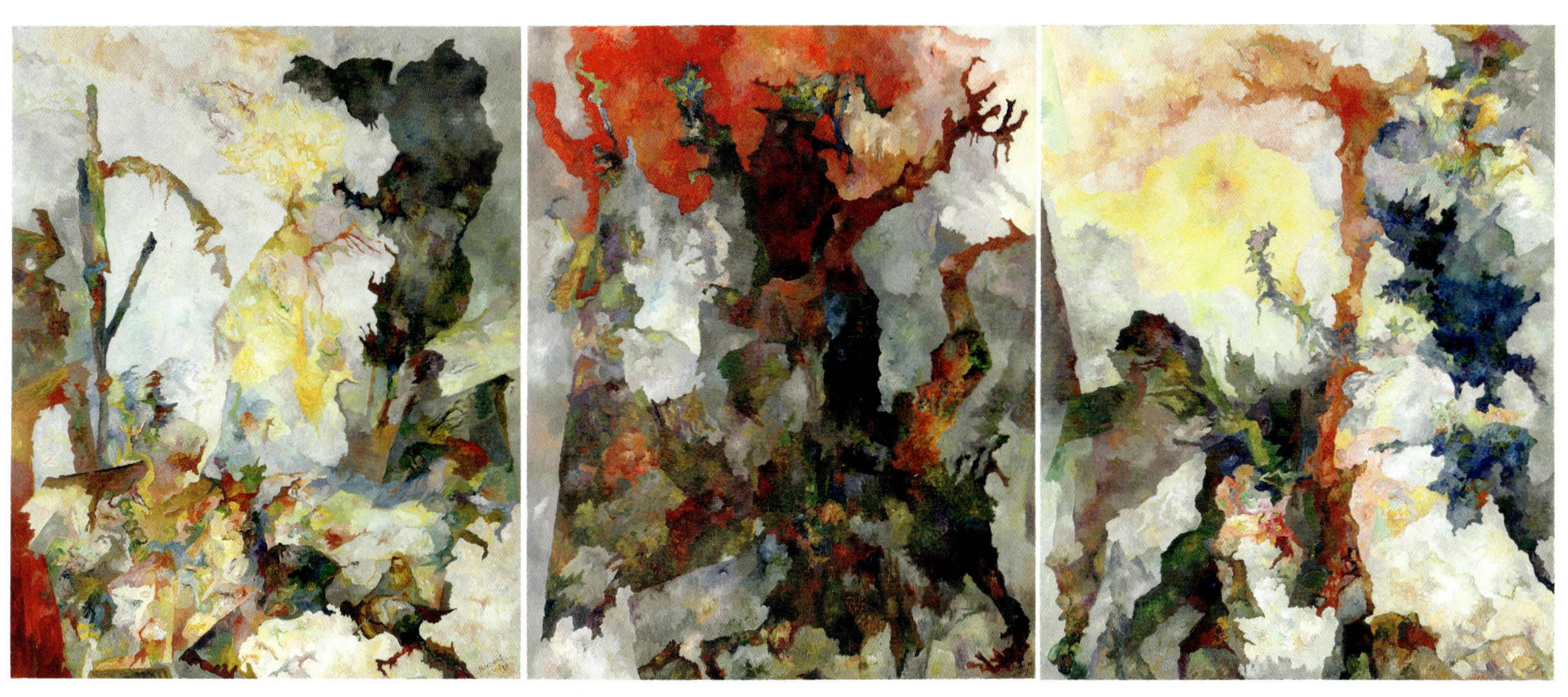

denkend an Jörg Ratgeb (thinking of Jörg Ratgeb), 1990 85

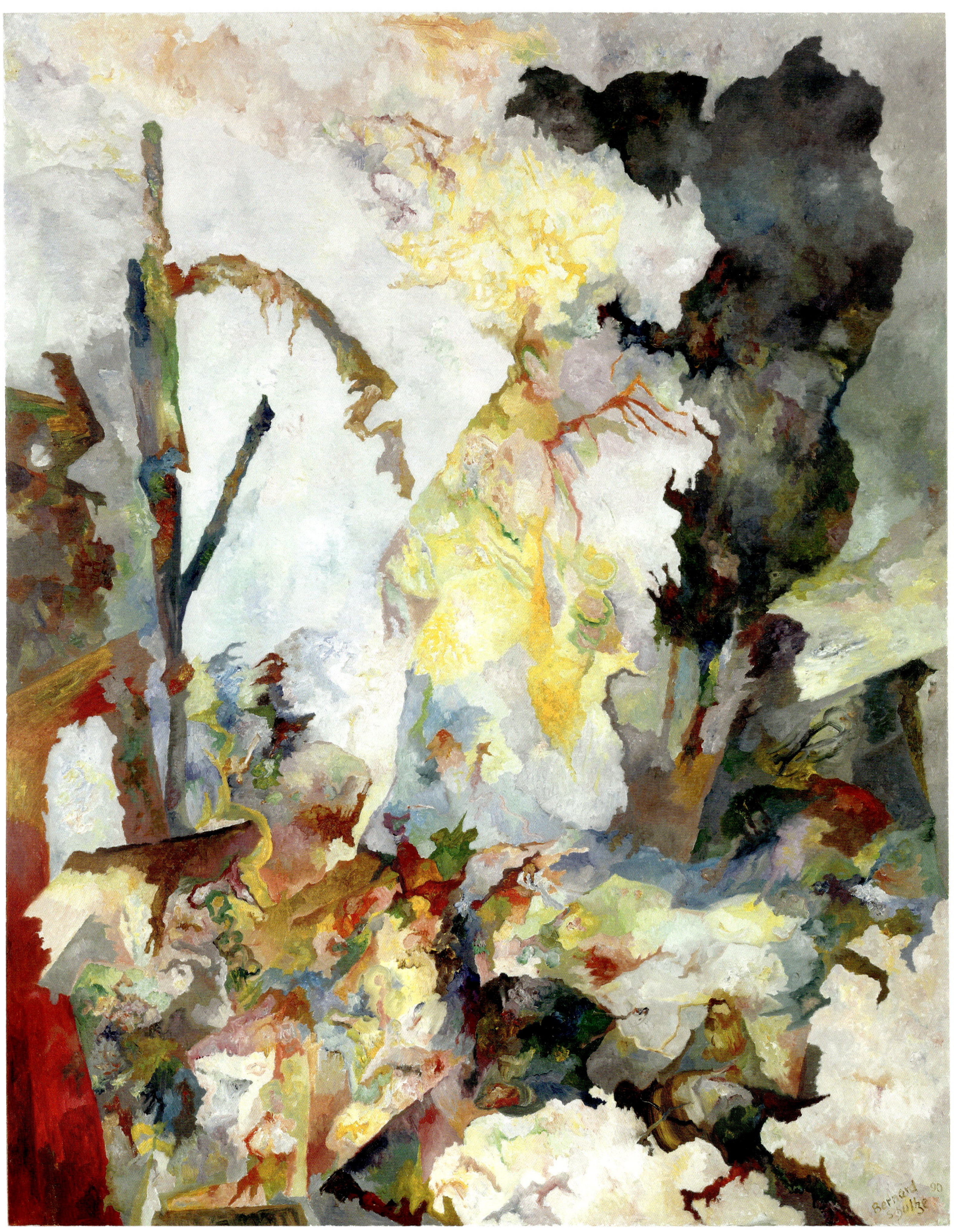

  denkend an Jörg Ratgeb (thinking of Jörg Ratgeb), 1990

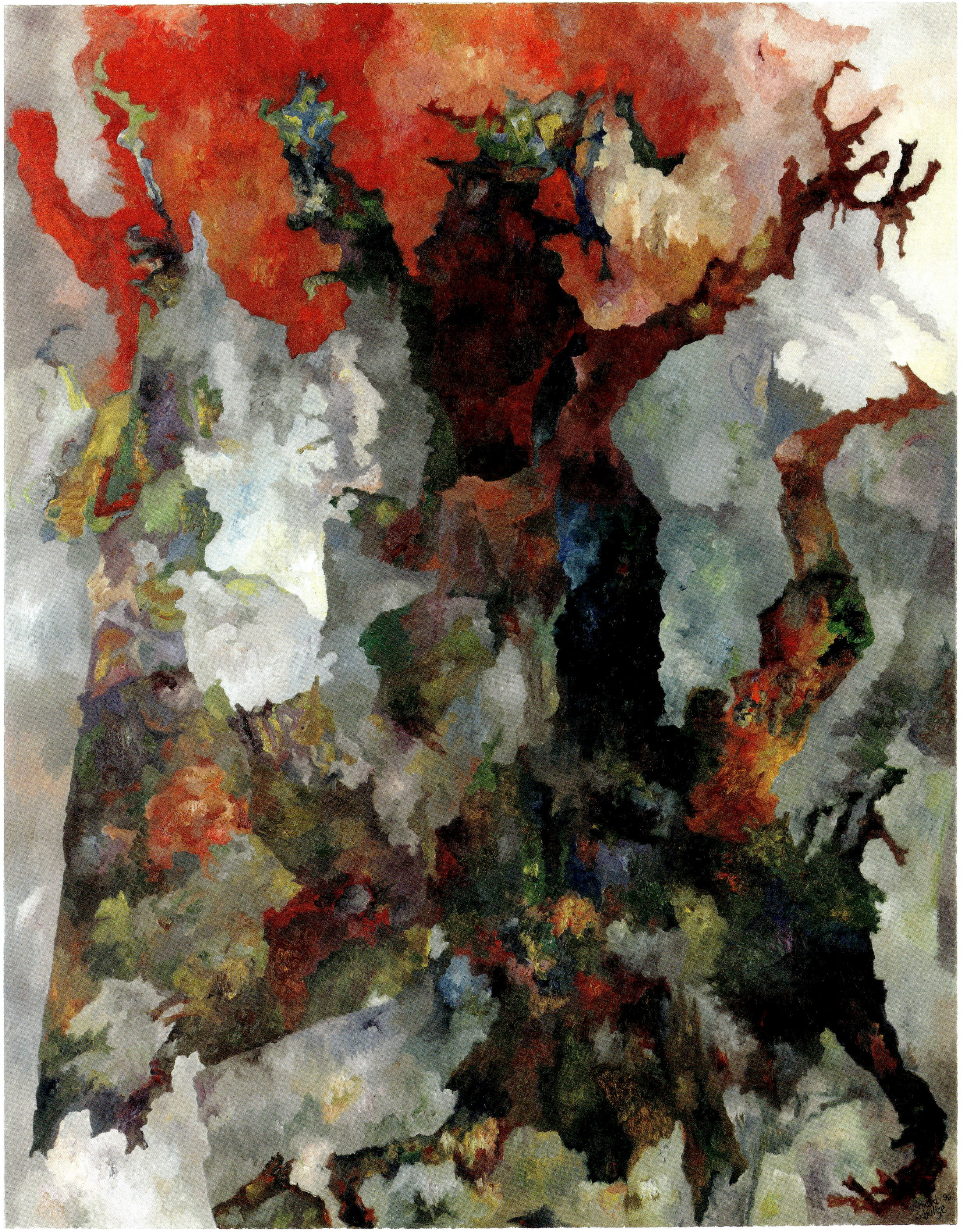
Bernard 90
Schultze

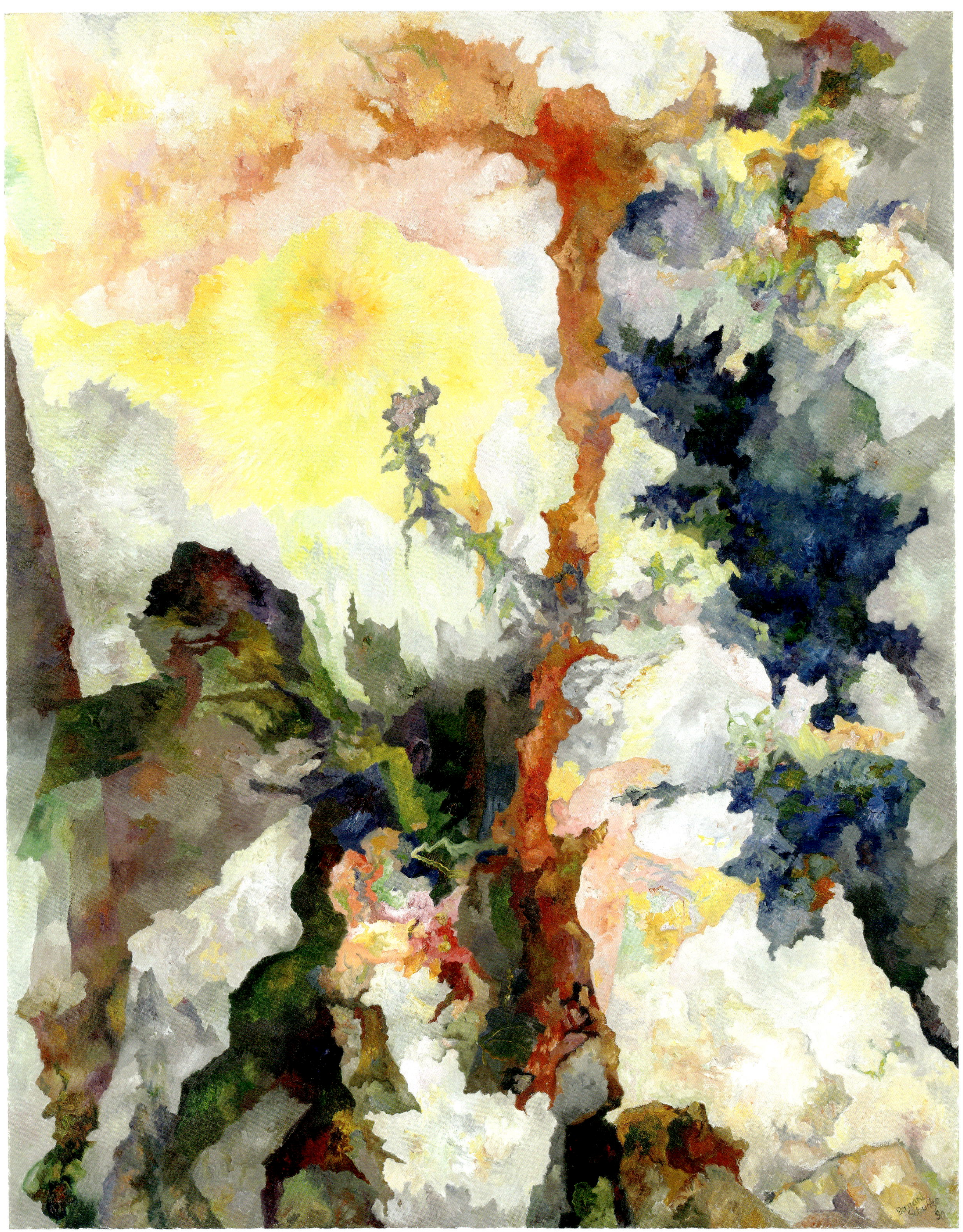

88   denkend an Jörg Ratgeb (thinking of Jörg Ratgeb), 1990

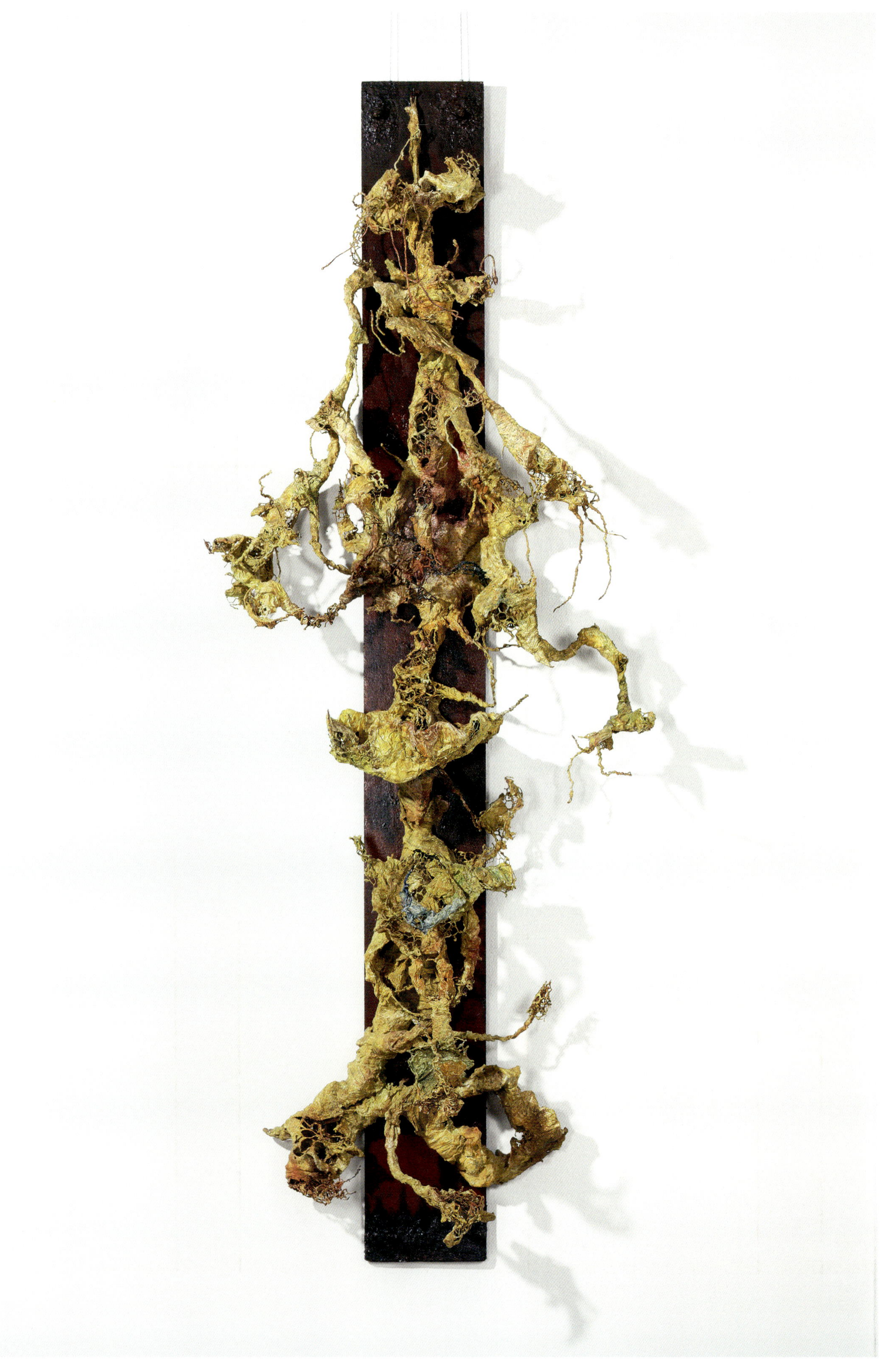

90 Langer gelber Migof (Long Yellow Migof), 1962–65

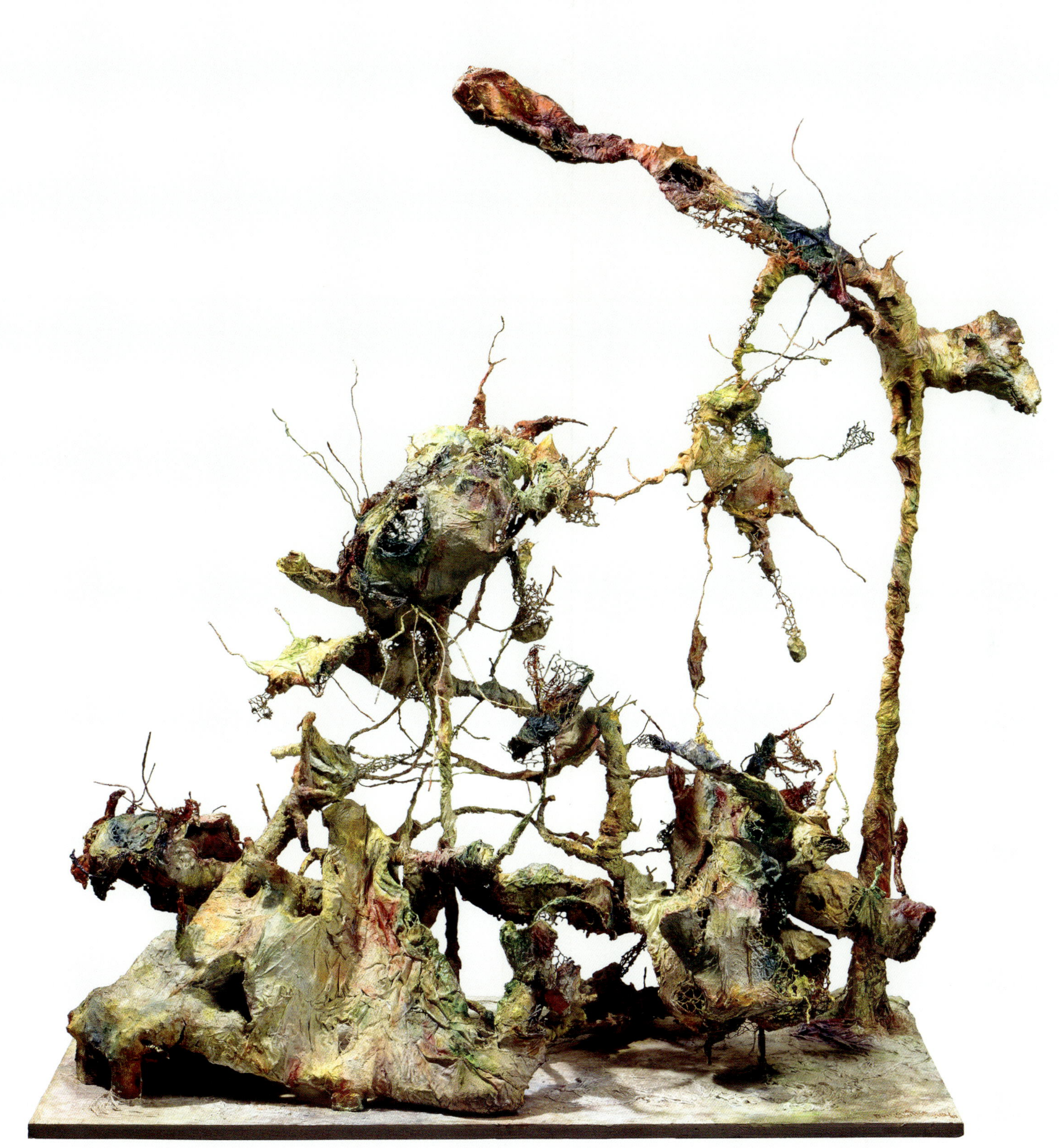

Mandala-Migof, 1962/63

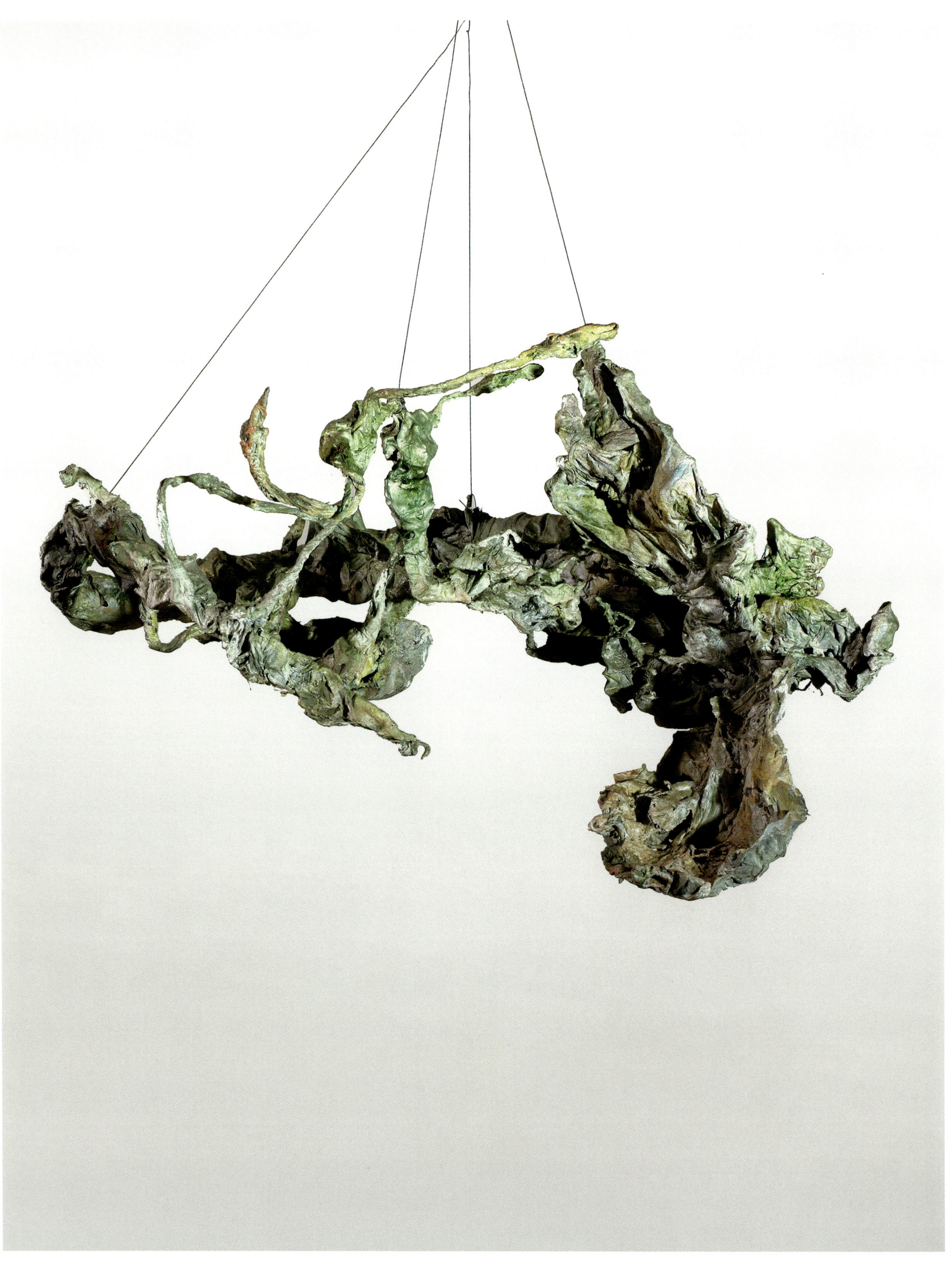

     Kranz-Migof (Wreath Migof), 1988

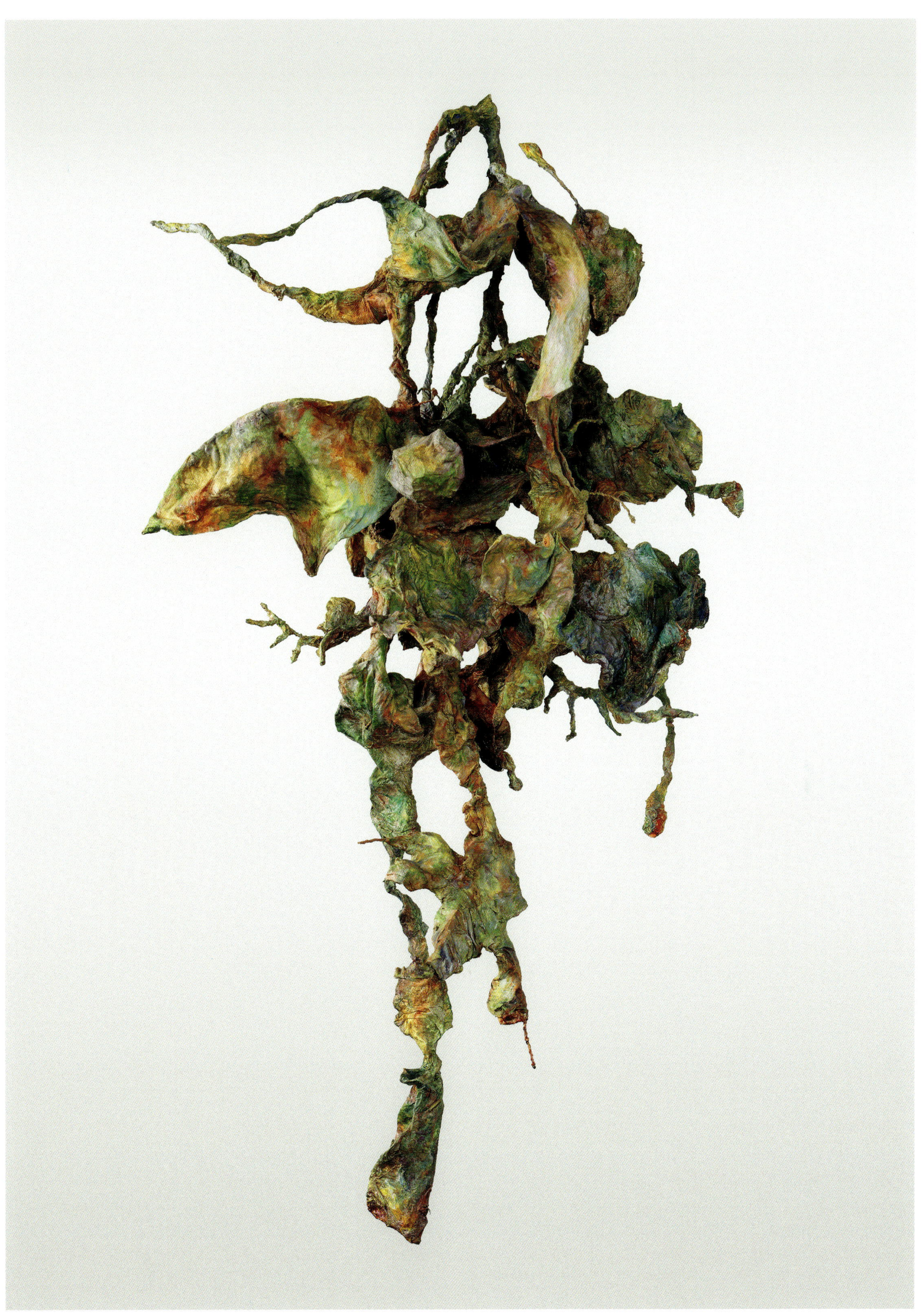

Migof im Mai (Migof in May), 1983/86   93

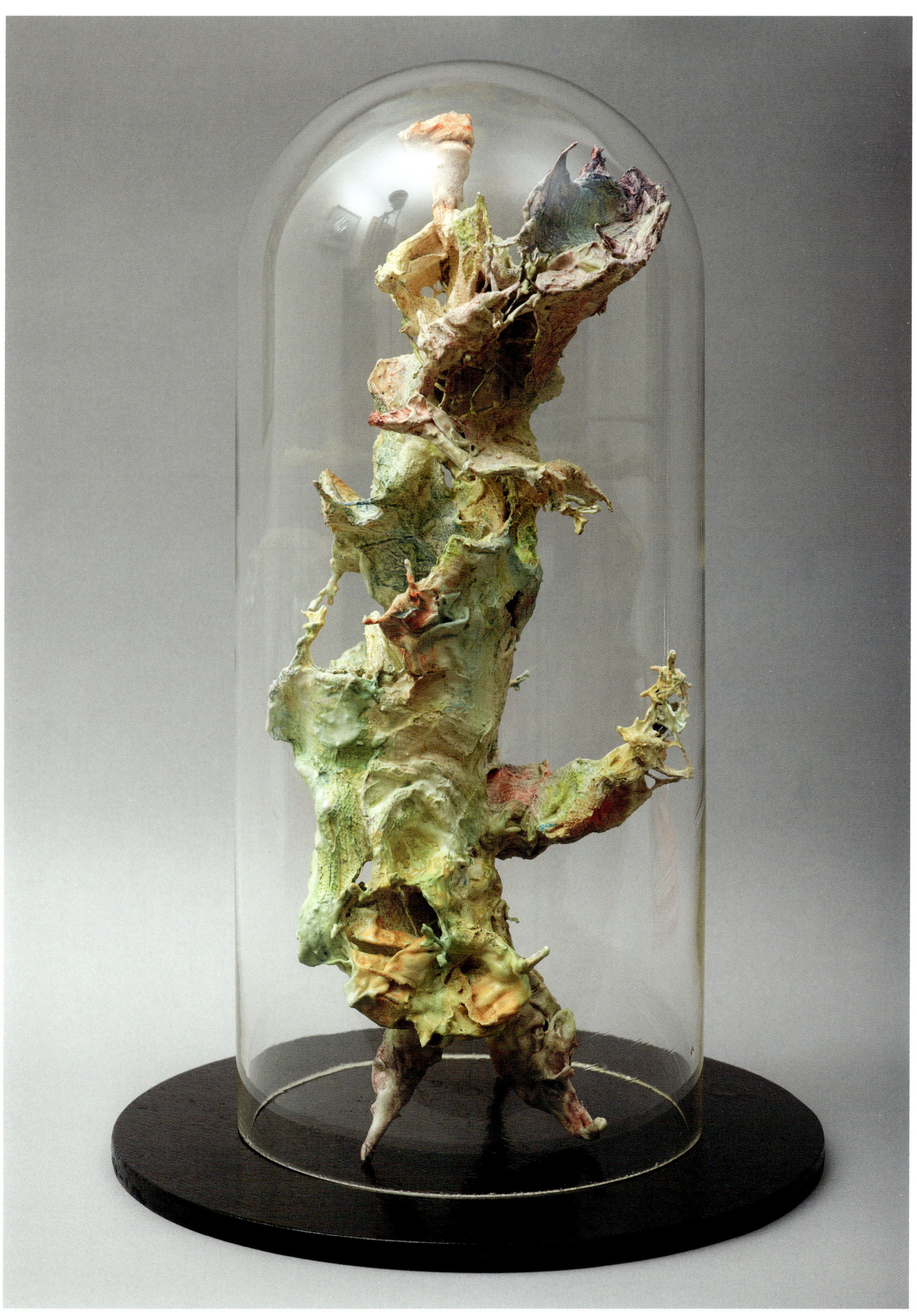

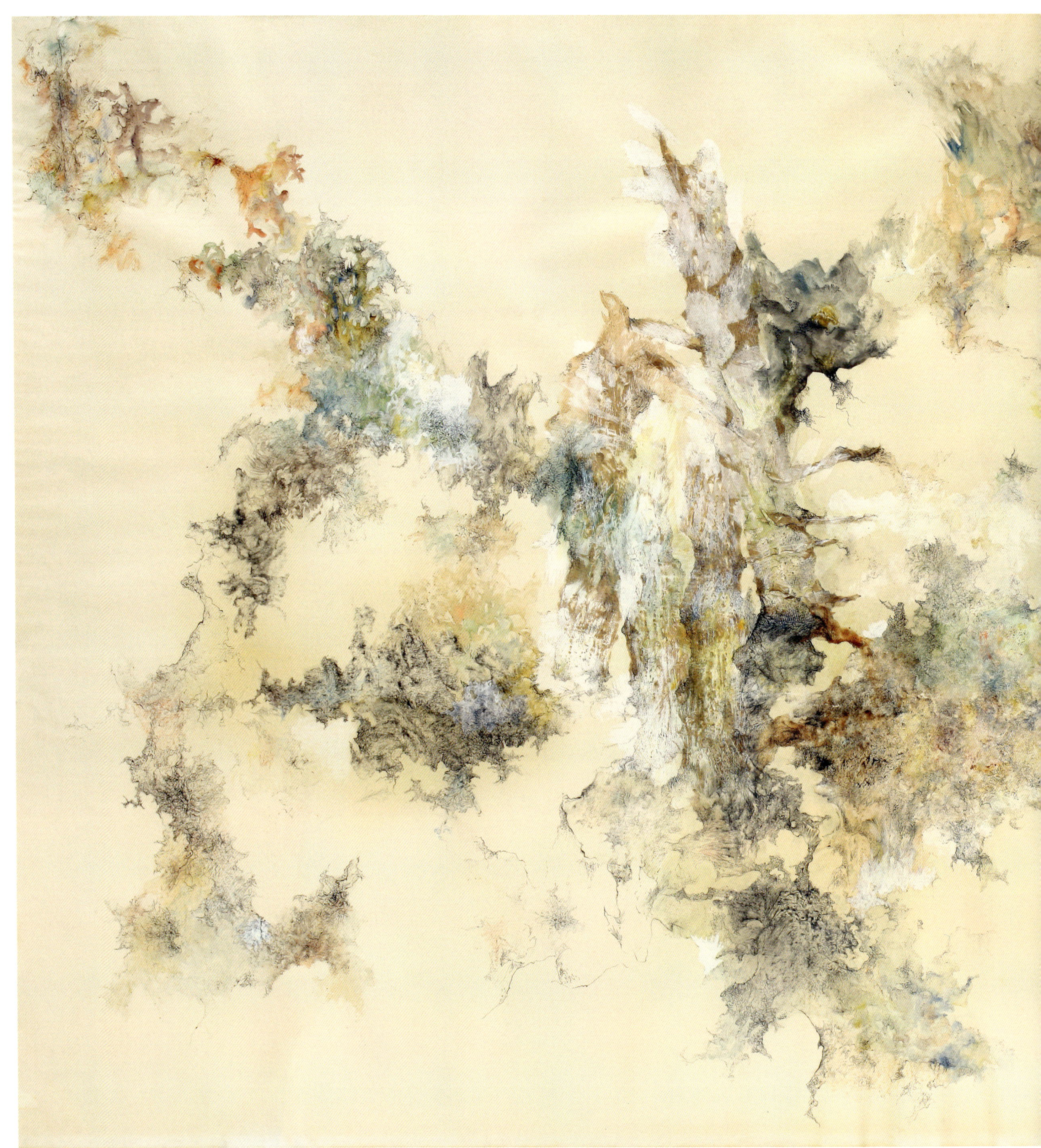

96   Komposition (Composition), 1961

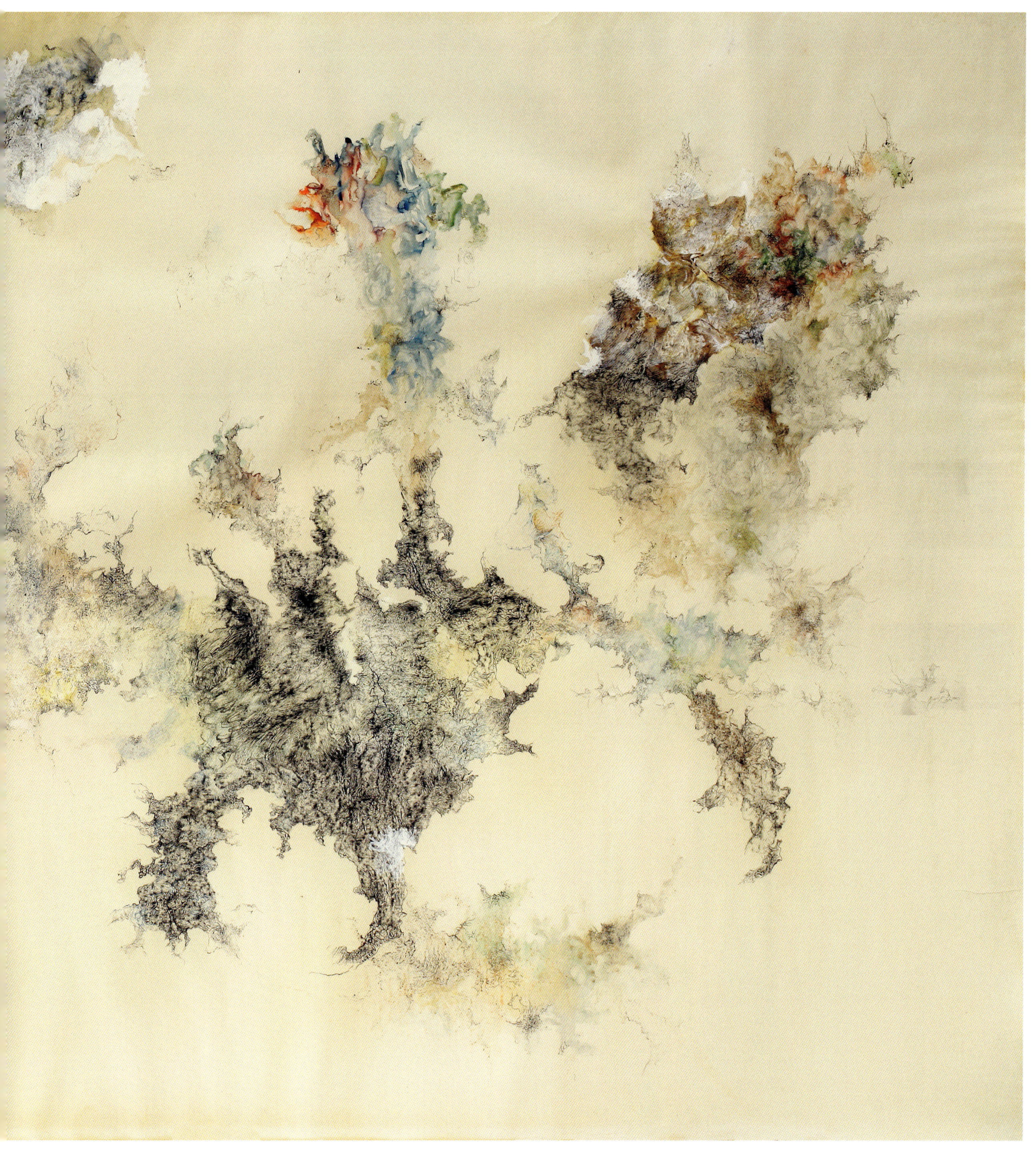

Gregor Laschen

Bei weit geöffnetem Text
With the Text Wide Open

BEI WEIT GEÖFFNETEM TEXT
wird das Blinde, das Gedicht
und sein Zittern hörbar: das
zitternde Klingen
des Klangs, ein Alphabet
von Farben beleuchtet
für die Nächte nahe
am Tod.
*
Manchmal, mit ruhiger, aus-
geruhter Hand ein abgrund-
tiefes Zittern, eine Zittrigkeit
des Stiftes, die aufs
Papier eindringt, ein Sprechen, besetzt
mit Karneolen, Ozeanachaten,
Seraphiniten, Chrysokoll und
dem Grün vom Malachit. Ich
hör den Stein reden: diese
Figur geht durchs Bild,
berührt sich und die Augen
der Stille, mit Farbe
bestreut. Ein Sehen,
ein gesehenes Bild, das zurückwill
vom Papier, aus dem
Farbauftrag (Auftrag Farbe) raus
in die Zittrigkeit der Welt, eine
Klangfüßigkeit nur: farbige
Tränen tropfen vom Stift, die
Zeichen, ihr Sprechen ein
fiebriges Ungenügen, immer
ein Ende, das nicht
kommt, in Sicht bei
auflaufendem Wasser.
*
Die Verwandlung der Stille: der
Stein fällt mit lautem Zittern
ins Bild, ich höre ihn leise reden
über sein Tun und die fliegenden
Schatten, ablandig sein
langes Schweigen.
*
Dies Zittern, geführt vom Rand, ein
wucherndes Geblümtes, ein wucherndes
Zögern der Rede, übersät
mit Einstichen, Nerven-
Wimpel am Wind.

April 2015

WITH THE TEXT WIDE OPEN
the blind, the poem
and its quiver become audible: the
quivering sounding
of the sound, an alphabet
of colours lights up
for the nights near
to death.
*
Sometimes, with a calm, rested
hand an abysmal
trembling, a tremor
of the crayon that sinks in
on the paper, a speaking studded
with carnelian, ocean agates,
seraphinites, chrysocolla, and
the green of malachite. I
can hear the stone speak: this
figure moves through the picture,
touching itself and the eyes
of silence, sprinkled with
colour. A seeing,
a picture seen that wants
out of the paper, out of
the paint application (the paint mandate) out
into in the tremors of the world, just
a tonal footiness: coloured
tears drip from the crayon, the
signs, their speaking a
feverish insufficiency, always
an end that does not
come, in sight at
rising water.
*
The transformation of tranquillity: with
a loud tremor the stone falls
into the picture, I hear it speaking softly
about what it does and the flying
shadows, offshore its
long silence.
*
This tremor, led from the edge, a
rampant bloominess, a rampant
pausing of speech, strewn
with punctures, nerves-
pennants by the wind.

April 2015

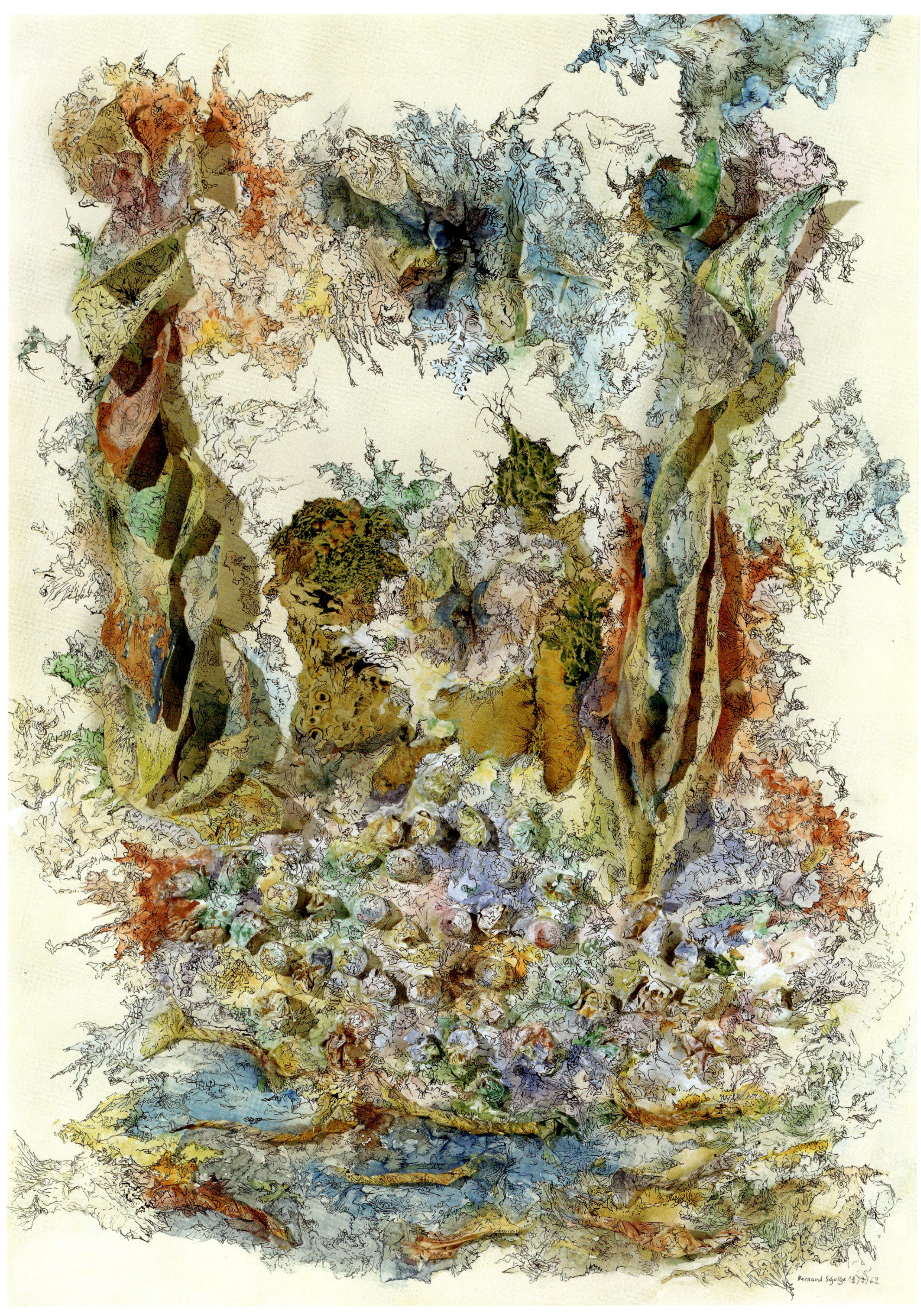

Zungen-Collage (Tongue Collage), 1962 99

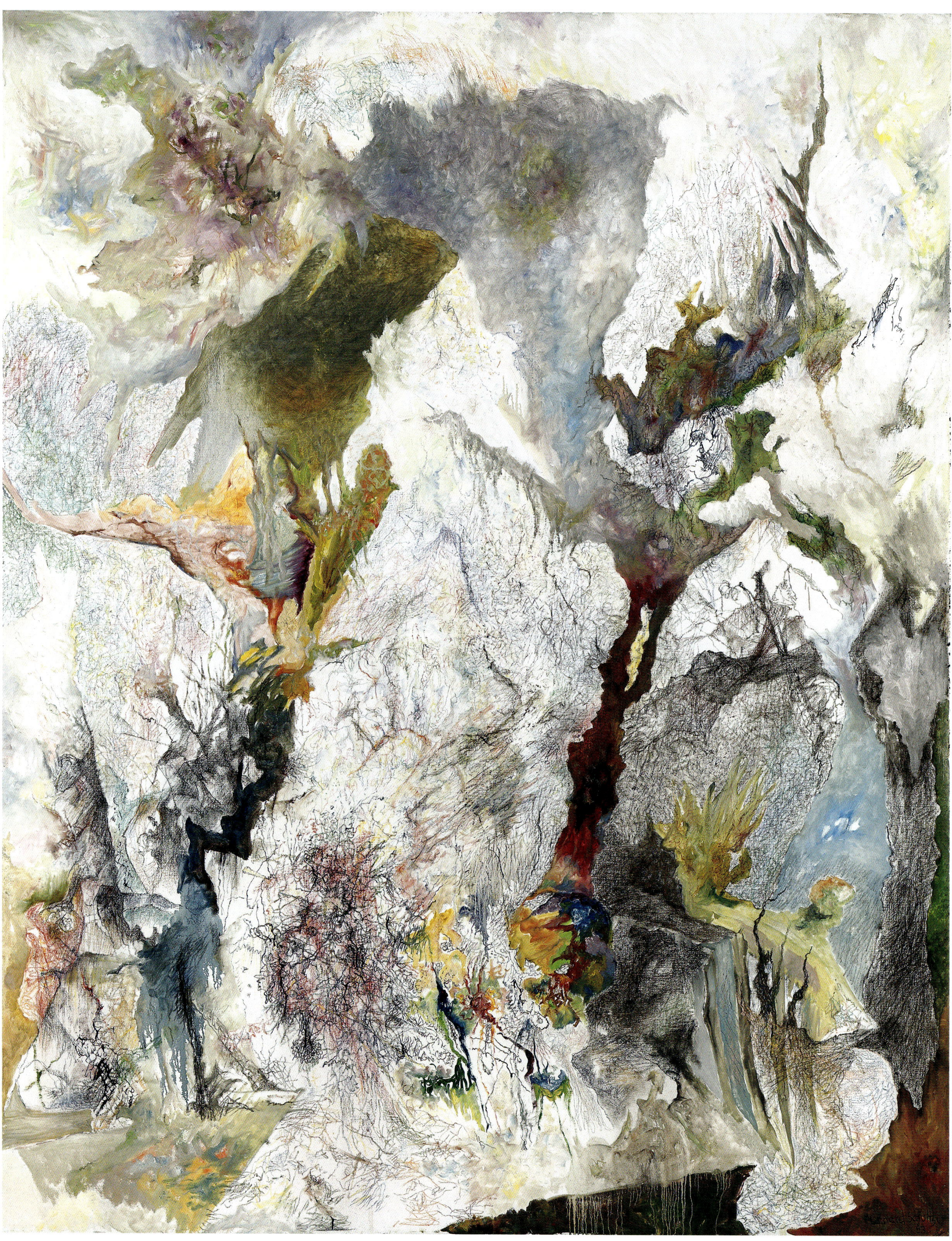

    Ein Zustand Zauberischer Zerrissenheit (A State of Enchanted Disjointedness), 1993

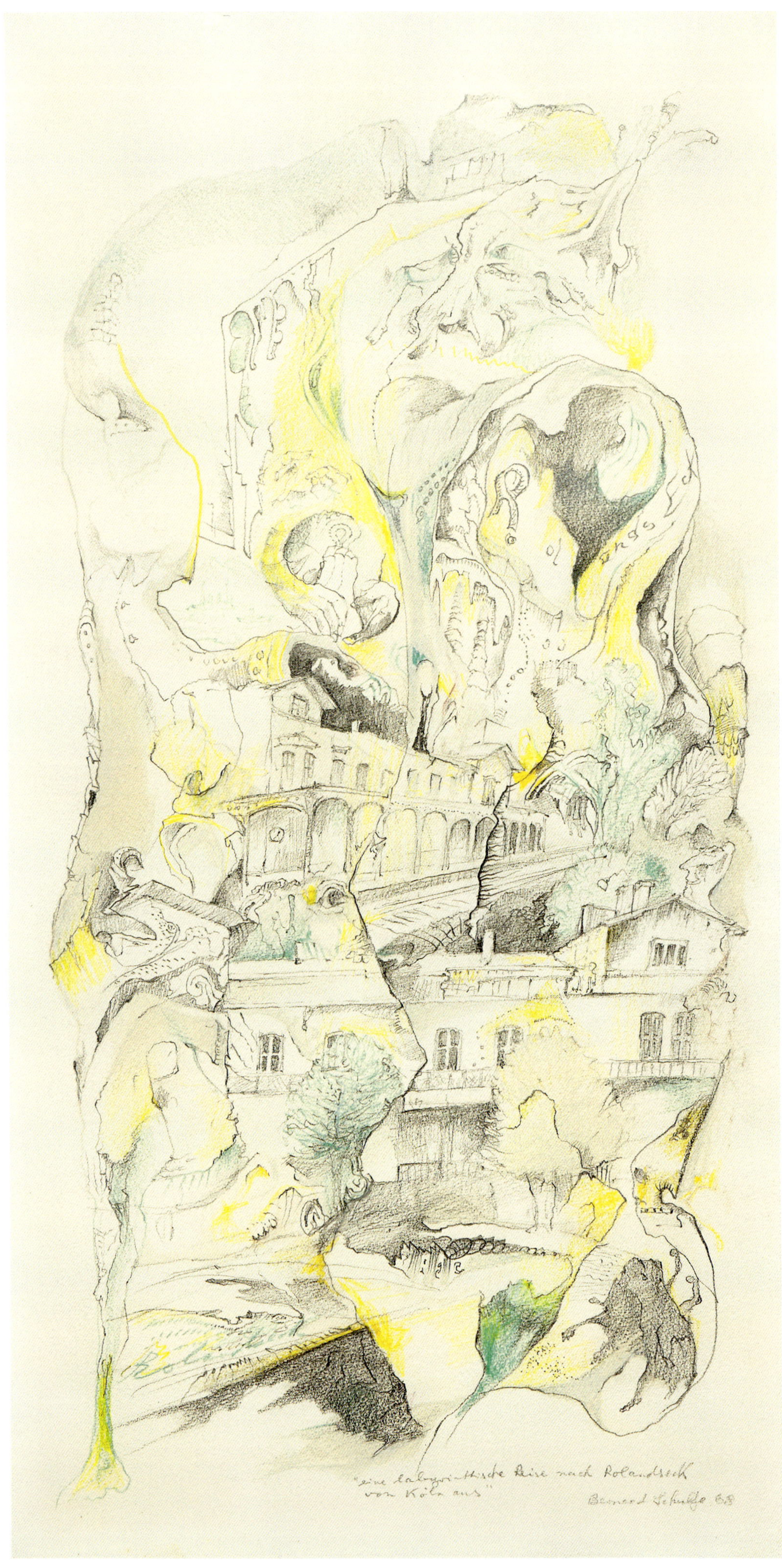

102   Eine labyrinthische Reise nach Rolandseck von Köln aus (A Labyrinthine Journey from Cologne to Rolandseck), 1968

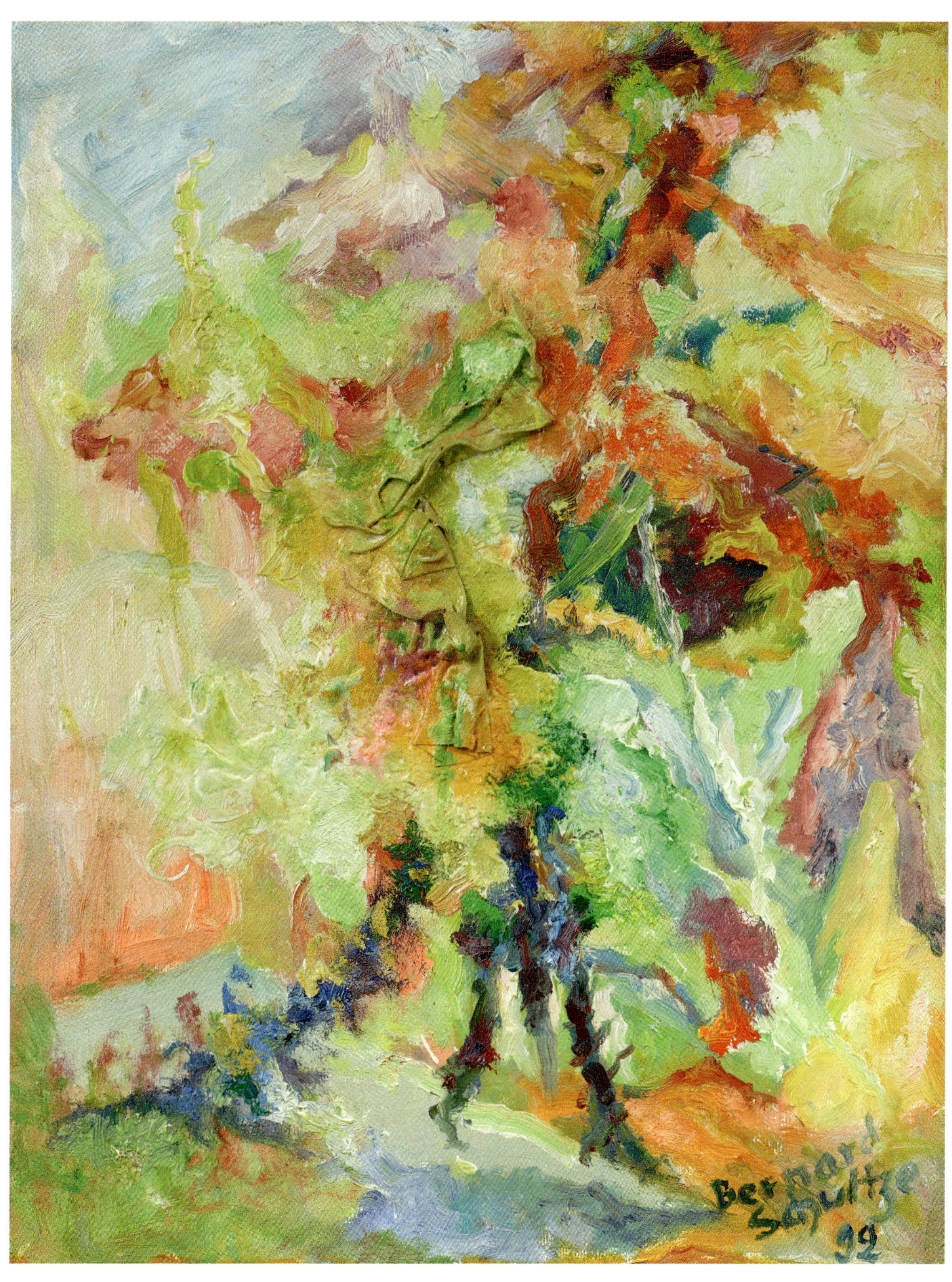

Blaue Figur (Blue Figure), 1992   103

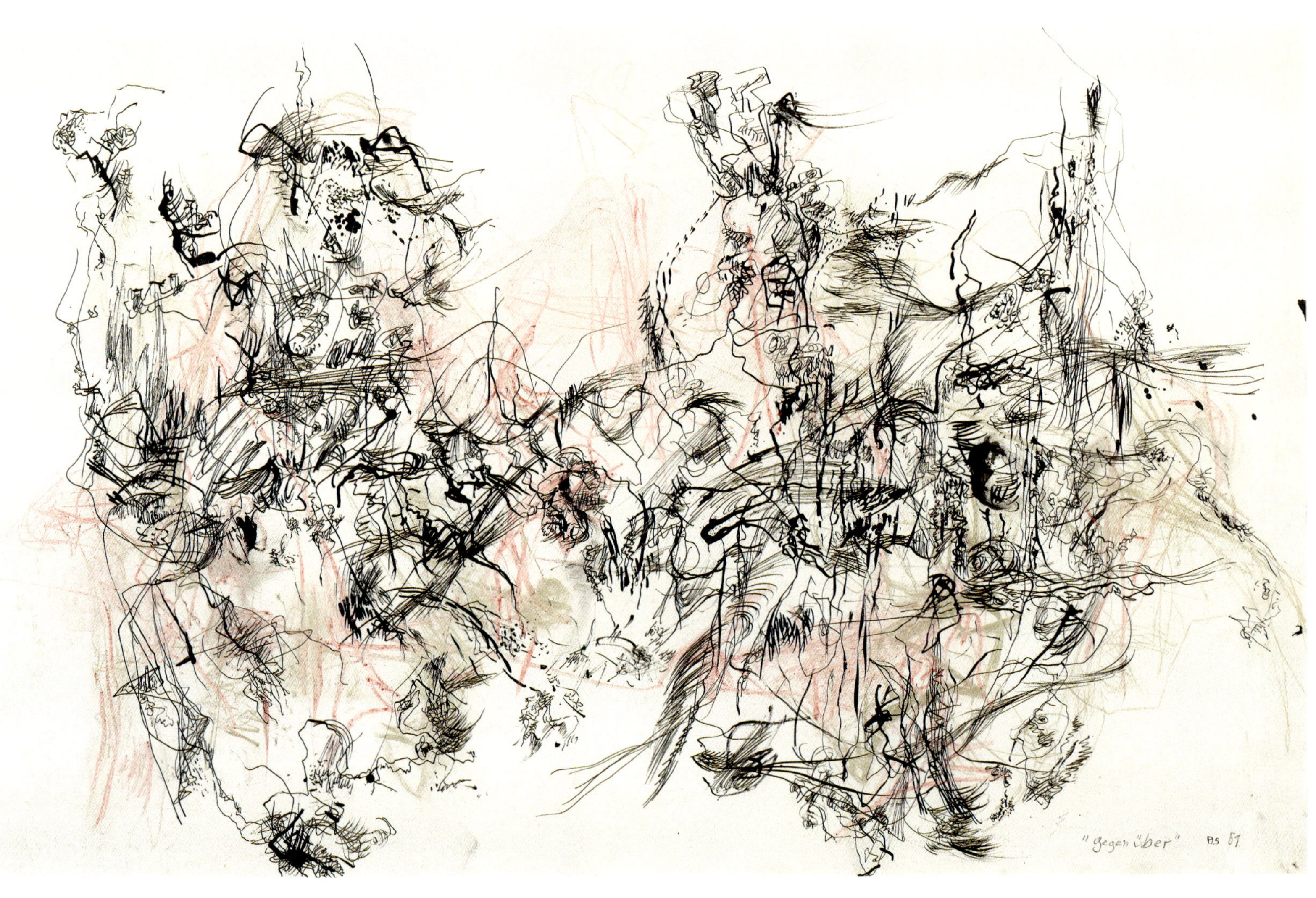

104   Gegenüber (Vis-à-vis), 1951

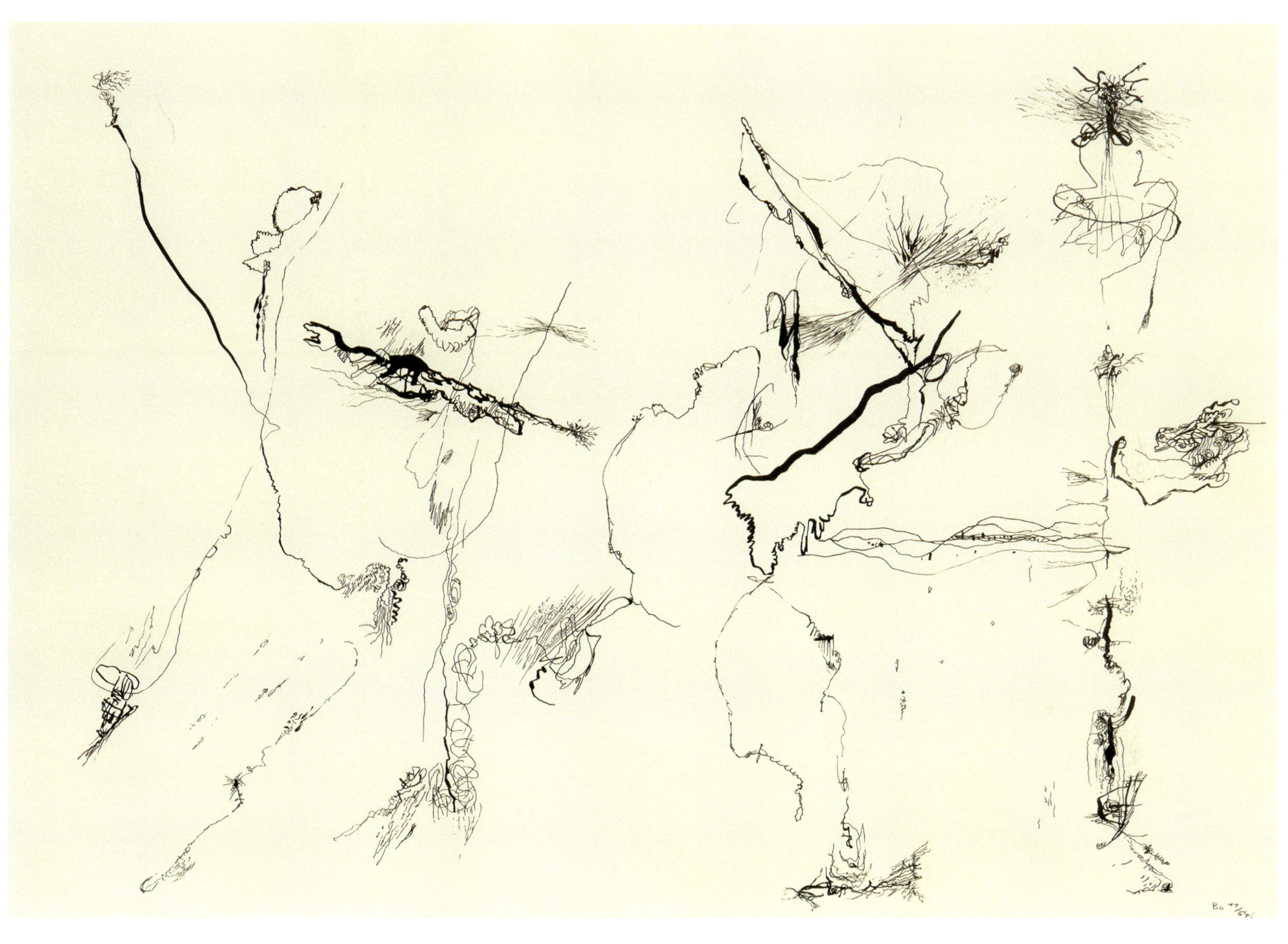

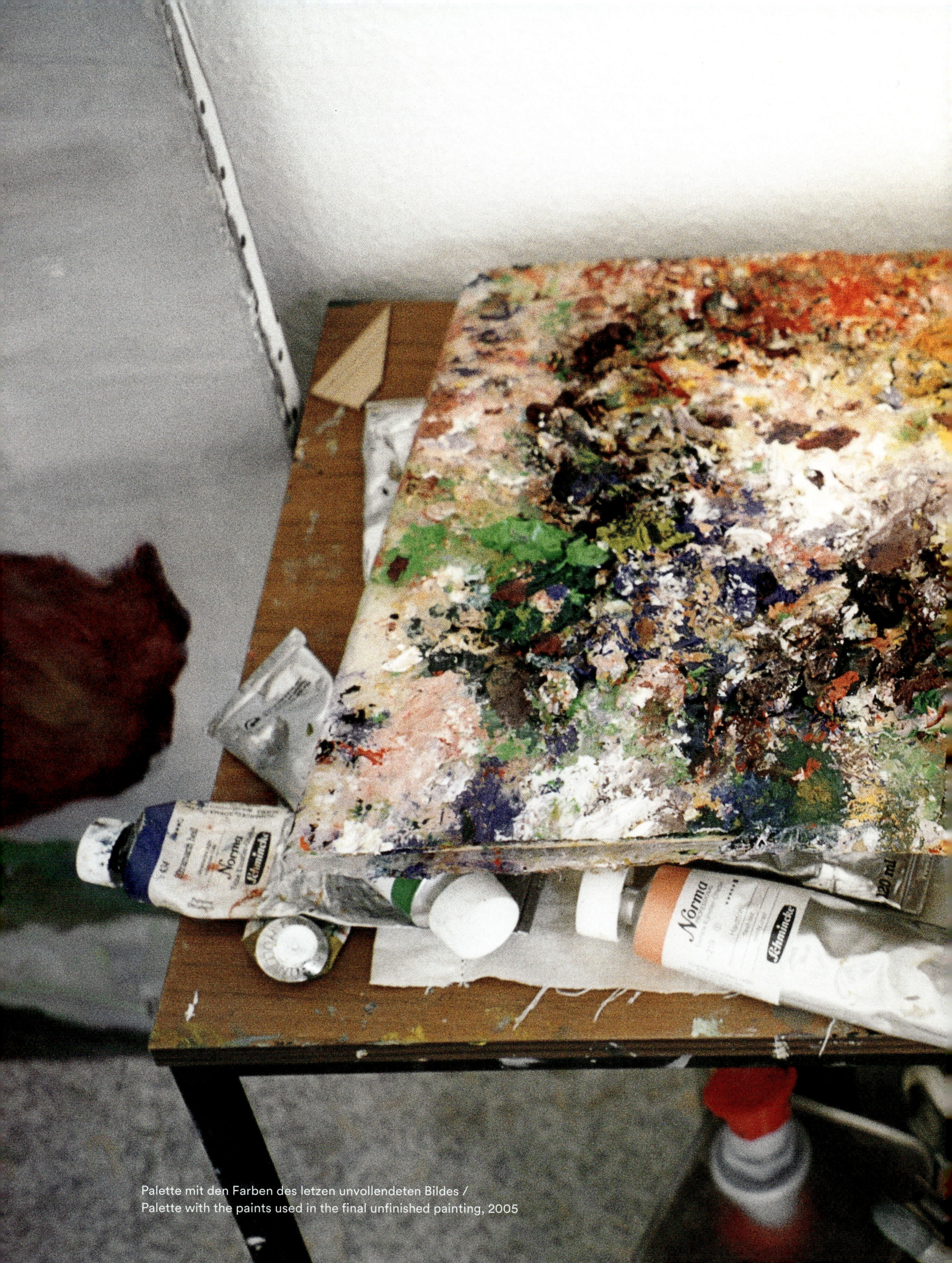

Palette mit den Farben des letzten unvollendeten Bildes /
Palette with the paints used in the final unfinished painting, 2005

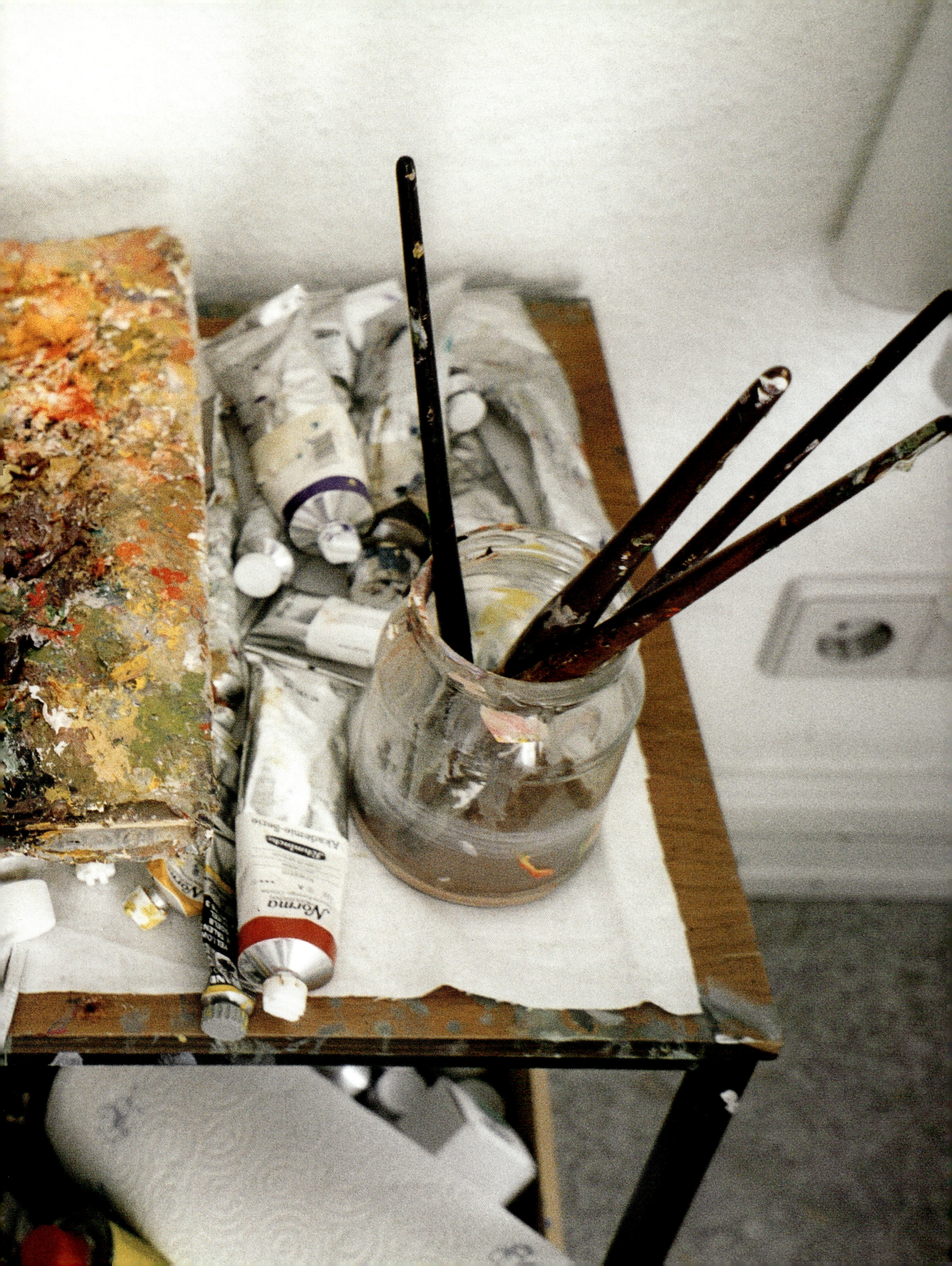

Bernard Schultze

Biografie
Biography

1915
Geboren am 31. Mai in Schneidemühl,
Provinz Posen, Deutsches Reich
(heute Piła, Polen) / Born 31 May in
Schneidemühl, Province of Posen, German
Empire (present-day Piła in Poland)

2005
Gestorben am 14. April in Köln /
Died 14 April in Cologne

1934
Abitur am Prinz-Heinrich-Gymnasium,
Berlin / A levels at Prinz-Heinrich-
Gymnasium in Berlin

1934–39
Studium an der Hochschule für Kunst-
erziehung Berlin und an der Kunstakademie
Düsseldorf / Studies at the Hochschule für
Kunsterziehung (College of Art Education)
in Berlin and at the Düsseldorf Academy of
Arts

1939–45
Soldat in Russland und Afrika /
As a soldier in Russia and Africa

1944
Vernichtung aller bis dahin entstandenen
Arbeiten bei einem Bombenangriff auf
Berlin / His entire work to date is destroyed
in a bomb raid on Berlin

1945–47
Lebt als Flüchtling in Flensburg /
Lives as a refugee in Flensburg

1947–68
Wohnsitz in Frankfurt am Main /
Resides in Frankfurt am Main

ab 1951 / From 1951 on
Erste informelle Bilder; regelmäßige
Aufenthalte in Paris / First informal
paintings; regular sojourns in Paris

1952
Quadriga-Ausstellung in der Zimmergalerie
Franck in Frankfurt am Main zusammen mit
K. O. Götz, Otto Greis und Heinz Kreutz /
Quadriga exhibition at Zimmergalerie
Franck in Frankfurt along with K. O. Götz,
Otto Greis, and Heinz Kreutz

1954
Plastische Einklebungen und Einschmelzun-
gen in den Bildgrund / Sculpturally pastes
and melts materials into the picture surface

1955
Heirat mit der Malerin Ursula Bluhm.
Beteiligung an der Ausstellung der Gruppe
ZEN 49, Städtische Galerie München und
Wallraf-Richartz-Museum, Köln /
Marries the painter Ursula Bluhm. Partici-
pates in the exhibition of the group ZEN 49
at the Städtische Galerie in Munich and the
Wallraf-Richartz-Museum in Cologne

1956
Erste Reliefbilder / First relief paintings

1957
Erste »Tabuskris« und freie Plastikbilder /
First »Tabuskris« and free-style sculptural
paintings

1959
Teilnahme an der *documenta II* in Kassel /
Participates in the *documenta II* in Kassel

ab 1961 / From 1961 on
Entstehen der »Migofs«, Zungen-Collagen
und Environments / Creates »Migofs«,
zungen or tongue collages, and environments

1964
Erste Reise nach New York; Teilnahme an
der *documenta III* in Kassel / First trip to
New York; participates in the *documenta III*
in Kassel

1964/65
Erste Migof-Bronzen (Unikate) /
First Migof bronzes (unique pieces)

ab 1965 / From 1965 on
Verwendung von Schaufensterpuppen
für freistehende Farbplastiken /
Uses mannequins for free-standing colour
sculptures

1966
Kunstpreis der Stadt Darmstadt /
Art Prize of the City of Darmstadt

1968
Übersiedlung nach Köln /
Moves to Cologne

1969
Kunstpreis der Stadt Köln /
Art Prize of the City of Cologne

1970
Studienreise nach Leningrad; Paris-Aufent-
halt. Entwurf des Bühnenbildes für das
Ballett *Die vier Jahreszeiten* nach der Musik
von Antonio Vivaldi an der Deutschen Oper
am Rhein Düsseldorf Duisburg / Study trip
to Leningrad; sojourn in Paris. Set design
for the ballet *The Four Seasons* based on
the music of Antonio Vivaldi at the
Deutsche Oper am Rhein in Düsseldorf
Duisburg

1971
Studienreise durch die USA mit Aufenthalt
in Washington / Study tour of the U.S.,
sojourn in Washington, D.C.

1972
Ordentliches Mitglied der Akademie der
Künste, Berlin; erste Grisaille-Malereien
auf Leinwand / Full member of the Academy
of Arts in Berlin; first grisaille paintings on
canvas

1973
Studienreise nach Ceylon, Thailand und
Burma / Study trip to Ceylon, Thailand
and Burma

1974
Aufenthalt in Paris; erste großformatige
Ölgemälde, Aquarelle und Zeichnungen /
Stay in Paris; first large-scale oil paintings,
watercolours, and drawings

1975
Studienreise nach Mexiko und Guatemala /
Study trip to Mexico and Guatemala

1977
Studienreise nach Thailand, Hongkong,
Bali und Singapur; Teilnahme an der
documenta 6 in Kassel / Study trip to
Thailand, Hong Kong, Bali, and Singapore;
participates in the *documenta 6* in Kassel

1978
Arbeit am großen Migof-Environment für
die Ausstellung der Hamburger Kunsthalle
(1980) / Works on the large-scale Migof
environment for the exhibition at the
Hamburger Kunsthalle (1980)

1980/81
Retrospektive in Berlin, Düsseldorf,
Frankfurt am Main und Saarbrücken /
Retrospective in Berlin, Düsseldorf,
Frankfurt, and Saarbrücken

1981
Titularprofessor des Landes Nordrhein-
Westfalen / Awarded the title of Professor
by the State of North Rhine-Westphalia

1983
Kunstpreis Wormland, München, zusammen
mit Ursula (Schultze-Bluhm) / Receives the
Wormland Art Prize in Munich together
with Ursula (Schultze-Bluhm)

1984
Großer Hessischer Kunstpreis /
Grand Art Prize of the State of Hesse

1986
Lovis-Corinth-Preis der Ostdeutschen
Galerie Regensburg / Lovis Corinth Award
of the Ostdeutsche Galerie Regensburg

1989
Verdienst-Orden des Landes Nordrhein-
Westfalen / Order of Merit of the State
of North Rhine-Westphalia

1990
Stefan-Lochner-Medaille der Stadt Köln /
Stefan Lochner Medal of the City of Cologne

1991
Erscheinungsjahr der großen Monografie
Bernard Schultze von Lothar Romain und
Rolf Wedewer im Hirmer Verlag, München /
Publication of Lothar Romain and Rolf
Wedewer's major *Bernard Schultze*
monograph by Hirmer Verlag in Munich

1992
Austritt aus der Akademie der Künste,
Berlin; Herstellung großer Bronzen, Gießerei
Schmäke, Düsseldorf / Resigns from the
Academy of Arts in Berlin; produces large
bronzes at the Schmäke foundry in
Düsseldorf

1993
Herstellung von großformatigen Radierungen in der Druckerei Barbará, Barcelona /
Creates large-scale etchings at the Barbará
print shop in Barcelona

1994
Start der Werkschau *Das große Format*
in der Josef-Haubrich-Kunsthalle, Köln
(weitere Stationen: Bologna, Budapest,
Antwerpen und Turku, Finnland) /
The monographic show *Das große Format*
(The Large Format) opens at Josef-Haubrich-
Kunsthalle in Cologne (subsequent venues:
Bologna, Budapest, Antwerp, and Turku,
Finland)

1996
Retrospektive, Schleswig-Holsteinisches
Landesmuseum, Schloß Gottorf, Schleswig /
Retrospective, Schleswig-Holsteinisches
Landesmuseum, Gottorf Castle, Schleswig

1999
Tod der Ehefrau Ursula Schultze-Bluhm /
Ursula Schultze-Bluhm dies

2002
Binding Kulturpreis 2002 an die Maler der
Quadriga (mit K. O. Götz, Otto Greis und
Heinz Kreutz); Retrospektive im Staatlichen
Russischen Museum Sankt Petersburg.
Heirat mit Doris Berger / The 2002 Binding
Culture Award goes to the Quadriga
painters (Schultze, K. O. Götz, Otto Greis,
and Heinz Kreutz); retrospective at the
State Russian Museum in Saint Petersburg.
Marries Doris Berger

Die Biografie wurde mit freundlicher
Genehmigung des Museums Küppersmühle
für Moderne Kunst, Duisburg, dem Aus-
stellungskatalog *Bernard Schultze – Gegenwelten,* Köln 2012, entnommen und gering-
fügig überarbeitet.
In: *Bernard Schultze. Gegenwelten,* hrsg.
von Walter Smerling und Eva Müller-
Remmert, Ausst.-Kat. MKM Museum
Küppersmühle für Moderne Kunst, Duisburg 2012/13, Köln 2012, S. 137–139.

The above biography has been taken from
the exhibition catalogue *Bernard Schultze –
Gegenwelten* (Cologne 2012) and slightly
edited with kind permission of the Museum
Küppersmühle für Moderne Kunst in
Duisburg.
In: *Bernard Schultze. Gegenwelten,* ed. by
Walter Smerling and Eva Müller-Remmert,
exh. cat., MKM Museum Küppersmühle für
Moderne Kunst, Duisburg 2012/13, Cologne
2012, pp. 137–39.

Bernard Schultze

Ausstellungen
Exhibitions

Einzelausstellungen und Ausstellungen mit
Schwerpunkt Bernard Schultze (Auswahl) /
Solo exhibitions and exhibitions with
Bernard Schultze as the main focus
(selection)

1948
*Bernard Schultze. Gemälde, Grafik,
Neue Holzschnitte von Frans Masereel,*
Galerie Egon Günther, Mannheim

1949
Bernard Schultze. Neue Arbeiten.
Zimmergalerie Franck, Frankfurt am Main

1950
Bernard Schultze. Malerei und Grafik,
Zimmergalerie Franck, Frankfurt am Main

1953
Bernard Schultze, Zimmergalerie Franck,
Frankfurt am Main

1954
Bernard Schultze. Gemälde und Grafik,
Zimmergalerie Franck, Frankfurt am Main

1956
Bernard Schultze, Witteborn Gallery,
New York
Bernard Schultze – Bilder und Zeichnungen,
Galerie Parnass, Wuppertal
Bernard Schultze, Studio Paul Facchetti,
Paris

1957
Bernard Schultze, Galerie Schüler, Berlin

1957/58
Bernard Schultze, Zimmergalerie Franck,
Frankfurt am Main

1958
Schultze. Peintures et Gouaches, Galerie
Daniel Cordier, Paris
Bernard Schultze, Künstlervereinigung
»die Insel«, Hamburg

1959
Bernard Schultze, Galleria Montenapoleone,
Mailand / Milan

1960
*Bernard Schultze Plastikbilder, Tabuskris,
Zeichnungen,* Galerie Daniel Cordier,
Frankfurt am Main

1961
Bernard Schultze, in Verbindung mit der
Ausstellung / in association with the exhibi-
tion *Phantastische Architektur,* Staatliche
Kunsthalle Baden-Baden, Baden-Baden

1962
Bernard Schultze. Peintures – Reliefs,
Musée des beaux-arts, La Chaux-de-Fonds,
Schweiz / Switzerland

Bernard Schultze, Städtisches Museum
Wiesbaden, Wiesbaden; Von der Heydt-
Museum, Wuppertal

1964
*Bernard Schultze. Neue Arbeiten. Migofs,
Zungencollagen, Reliefbilder, Zeichnungen,
Radierungen,* Galerie Rothe, Heidelberg

1965
Bernard Schultze. Hommage à Beckett,
Howard Wise Gallery, New York

1966
Bernard Schultze, Kestner-Gesellschaft,
Hannover; Badischer Kunstverein, Karlsruhe
b. schultze, Städtisches Museum Schloß
Morsbroich, Leverkusen
*Graphics and Small Sculpture by Bernard
Schultze,* San Francisco Museum of Art,
San Francisco

1967
A Variety of Works by Bernard Schultze,
London Arts Gallery, Detroit

1968
*Bernard Schultze, Kunstpreisträger der Stadt
Darmstadt 1966. Alte und Neue Arbeiten,*
Kunsthalle Darmstadt, Darmstadt

1968/69
Bernard Schultze. Alte und neue Arbeiten,
Kölnischer Kunstverein, Köln / Cologne;
Kunstverein, Haus Salve Hospes,
Braunschweig / Brunswick; Haus am
Waldsee, Berlin; Palais des Beaux-Arts,
Brüssel / Brussels

1969/70
Bernard Schultze. Neue Arbeiten,
Galerie Brusberg, Hannover / Hanover

1970/71
Bernard Schultze 1960–1970, Museum
Bochum, Bochum; Pfalzgalerie,
Kaiserslautern

1971
Bernard Schultze, Centre National d'Art
Contemporain, Paris
Bernard Schultze, Galerie Arcanes,
Brüssel / Brussels

1972
Bernard Schultze. Neue Arbeiten,
Galerie Der Spiegel, Köln / Cologne

1973
*Bernard Schultze. Die Migofs 1958 bis 1973
sowie Ölbilder, Zeichnungen, Druckgraphik,*
Baukunst-Galerie, Köln / Cologne

1974
*Bernard Schultze. Het woud der Migofs /
Ursula. Dromen in veren en bont,* Museum
Boijmans Van Beuningen, Rotterdam
Bernard Schultze – Die Welt der Migofs,
Staatliche Kunsthalle Baden-Baden,
Baden-Baden

1975
*Bernard Schultze. »Die Welt des Migofs«.
Bilder und Objekte aus 25 Jahren,*
Galerie Brusberg, Hannover / Hanover

1976
*Bernard Schultze. Migofs, Grisaillen,
Aquarelle, Zeichnungen,* Galerie Rothe,
Heidelberg

1976/77
Bernard Schultze. Neue Zeichnungen,
Galerie Der Spiegel, Köln / Cologne

1977
Kunst in der Kirche. Bernard Schultze,
St. Sebald, Nürnberg / Nuremberg

1979
*Bernard Schultze. Peintures, aquarelles,
dessins,* Galerie Jean Leroy, Paris

1980
Bernard Schultze: Zerbrochene Verstecke,
Hamburger Kunsthalle, Hamburg

1980/81
*Bernard Schultze. »Im Labyrinth«. Werke
von 1940–1980,* Städtische Kunsthalle,
Düsseldorf; Akademie der Künste, Berlin;
Frankfurter Kunstverein, Frankfurt am
Main; Saarlandmuseum, Neue Galerie,
Saarbrücken

1981/82
*Bernard Schultze – Arbeiten aus den Jahren
1980 und 1981,* Galerie Der Spiegel,
Köln / Cologne

1982
*Bernard Schultze. Bilder aus den Jahren
1977 bis 1982,* Mittelrheinisches Landesmuseum, Mainz

1984
*Malerei reflektiert Malerei. Bernard Schultze.
Werke aus den Jahren 1980–1984,* Wallraf-
Richartz-Museum, Köln / Cologne

1984/85
Bernard Schultze. Papierarbeiten 1946–1983,
Albertina, Wien / Vienna; Rheinisches
Landesmuseum, Bonn; Kunsthalle Tübingen,
Tübingen; Wilhelm-Hack-Museum,
Ludwigshafen; Kunsthalle Nürnberg,
Nürnberg / Nuremberg

1985
*Bernard Schultze. Retrospektive der Jahre
1956 bis 1985 anläßlich der Vollendung
seines 70. Lebensjahres. Migofs, Ölbilder,
Aquarelle, Zeichnungen, Druckgraphik,*
Baukunst-Galerie, Köln / Cologne
*Bernard Schultze. Gemälde. Zum 70. Geburts-
tag des Künstlers,* Kunstforum Ostdeutsche
Galerie, Regensburg

1985/86
*Bernard Schultze zum 70. Geburtstag. Neue
Arbeiten,* Galerie Schüler, Berlin

1986
Neue Arbeiten von Bernard Schultze.
Galerie Der Spiegel, Köln / Cologne

1986/87
*Bernard Schultze. Lovis-Corinth-Preis der
Künstlergilde 1986,* Ostdeutsche Galerie,
Regensburg

1987
Bernard Schultze, Galerie Hans Strelow,
Düsseldorf
*Bernard Schultze. Kreidebilder, Tuschen,
Aquarelle und Reliefplastiken von 1955–1960,*
Galerie Svetlana, München / Munich

1988
*Bernard Schultze: Ein innerer Monolog im
Labyrinth der Farben. Neue Bilder, Objekte
und Aquarelle. 50 Arbeiten,* Galerie
Wilbrand, Köln / Cologne

1989
Bernard Schultze. Bilder und Aquarelle,
Zellermayer Galerie, Berlin
Bernard Schultze. Retrospektive 1953–1989,
Baukunst-Galerie, Köln / Cologne

1989/90
*Bernard Schultze. Gemälde, Migofs,
Arbeiten auf Papier 1948–1989,* Städtisches
Museum Haus Koekkoek, Kleve; Herforder
Kunstverein »Pöppelmann-Gesellschaft e.V.«,
Herford; Märkisches Museum, Witten

1990
*Bernard Schultze. Paintings, Watercolours
and Drawings 1989,* Fischer Fine Art Ltd.,
London
Begegnung mit Bernard Schultze,
Sammlung Kemp, Düsseldorf

1991
*Bernard Schultze. »Im Labyrinth«. Werke
von 1947 bis 1990. Ölbilder, Migof-Objekte,
Arbeiten auf Papier,* Staatliche Kunstsamm-
lungen Dresden, Gemäldegalerie Neue
Meister, Albertinum, Dresden
Bernard Schultze. Neue Bilder – Frühe Bilder,
Galerie Gunzenhauser, München / Munich

1992
*Bernard Schultze. Maler und Zeichner
im Labyrinth,* Kunstverein Wolfsburg,
Wolfsburg

1993/94
Bernard Schultze, Ölbilder – Aquarelle,
Galerie Roswitha Haftmann, Zürich / Zurich

1994–96
Bernard Schultze. Das große Format,
Museum Ludwig, Josef-Haubrich-Kunsthalle, Köln / Cologne; Galleria Communale
d'Arte Moderna, Bologna; Szépművészeti
Múzeum, Budapest; Kunsthalle Centrum
't Elzenveld, Antwerpen / Antwerp

1995
*Bernard Schultze. Zum 80. Geburtstag.
Frühe Werke: 1945–1960. Malerei, Aquarelle,
Zeichnungen,* Galerie Hans Ostertag, Frank-
furter Leinwandhaus, Frankfurt am Main
*Bernard Schultze. Zu seinem 80. Geburtstag.
Arbeiten auf Papier, Migof – Tabuskri,*
Galerie Jaspers, München / Munich

1995/96
*Bernard Schultze. Das große Format / Het
grote formaat. Een tentoonstelling van het
Museum Keulen,* Kunsthalle Centrum
't Elzenveld, Antwerpen / Antwerp

1996
*Bernard Schultze. Werke aus fünf Jahr-
zehnten,* Schleswig-Holsteinisches Landesmuseum Schloß Gottorf, Schleswig

1997
*Bernard Schultze, Bilder und Antonius
Höckelmann, Skulpturen,* Galerie Ute Mronz,
Köln / Cologne
Bernard Schultze. Das große Format,
Wäinö Aaltonen Museum of Art, Turku,
Finnland / Finland

1998
*Bernard Schultze. Arbeiten aus der Sammlung
Walter,* Museum Morsbroich, Leverkusen
*Bernard Schultze und die Romantik. Öl- und
Papierarbeiten, Skulpturen – 200 Jahre
Jenaer Romantik,* Städtische Museen,
Romantikerhaus, Jena

1999
Bernard Schultze – Emil Schumacher
[in Zusammenarbeit mit dem Goethe-Institut,
Rom, und dem Ifa Institut für Auslandbe-
ziehungen, Stuttgart / in collaboration with
the Goethe Institute in Rome and the Ifa
Institute for Foreign Relations in Stuttgart],
Galleria Giulia, Rom / Rome

2000
*Bernard Schultze zum 85. Geburtstag. »Ein
innerer Monolog im Labyrinth der Farben«,*
Galerie Wilbrand, Köln / Cologne
Bernard Schultze – Innerer Monolog,
Städelsches Kunstinstitut und Städtische
Galerie, Frankfurt am Main
*Bernard Schultze, schwarz weiss: Zeichnun-
gen und Gedichte,* Museum Folkwang, Essen

2000/01
*Bernard Schultze zum 85. Geburtstag.
Arbeiten auf Papier und Plastik 1954–2000,*
Galerie Henze & Ketterer, Wichtrach,
Schweiz / Switzerland
Bernard Schultze. Miniaturen in Öl, Galerie
Franz Swetec, Griesheim bei / near Darm-
stadt; Galerie Franz Swetec, Düsseldorf

2001
*Bernard Schultze. Zeichnungen, Malerei,
Grafik, skulpturelle Arbeiten. Sammlung Carl
Vogel,* Cuxhavener Kunstverein, Cuxhaven

2002
Bernard Schultze. Welt im Farbrausch,
Staatliches Russisches Museum,
Museum Ludwig im Russischen Museum,
Sankt Petersburg / Saint Petersburg

2003
*Bernard Schultze, Farb-Welt-Rausch.
Malerei und Objekte aus dem Besitz des
Kunstsammlers Fritz Walter,*
Kunstraum Langenfeld, Langenfeld

2003/04
*Bernard Schultze: Welt im Farbrausch –
Leinwände und Aquarelle von 1989–2003,*
Zellermayer Galerie, Berlin

2005
*Migof Barock. Bernard Schultze zum
90. Geburtstag,* Museum Ludwig,
Köln / Cologne
*Bernard Schultze. Werke aus der Sammlung
Rugo und dem Atelier des Künstlers,*
Saarlandmuseum, Saarbrücken
*Tanz der Migofs. Bernard Schultze
1915–2005,* Kunstforum Ostdeutsche
Galerie, Regensburg
In memoriam Bernard Schultze,
Museum Kunstpalast, Düsseldorf

2006
*De Natura. Bernard Schultze und Parallel-
welten,* Gesellschaft bildender Künstler
Österreichs, Künstlerhaus, Wien / Vienna
Bernard Schultze. Bildwelten 1982–2004,
Museum am Dom, Würzburg

2008/09
Bernard Schultze. Myter & Mesterværker,
Kulturforum Würth, Kolding, Dänemark /
Denmark

2009
*Bernard Schultze. Bilder sehen – Bilder lesen.
Arbeiten von 1956 bis 2000,* Galerie Ute
Mronz, Köln / Cologne

2011/12
*Bernard Schultze 1915–2005. Eine Retro-
spektive – Gemälde, Skulpturen und Arbeiten
auf Papier,* Samuelis Baumgarte Galerie,
Bielefeld
*Bernard Schultze. Werke aus den Jahren
1955 bis 2000,* Galerie Henze & Ketterer
und Triebold, Riehen, Schweiz / Switzerland

2012/13
Bernard Schultze – Gegenwelten,
MMK Museum Küppersmühle für Moderne
Kunst, Duisburg

2013
*Bernard Schultze. Farbendschungel im
Grossformat,* Galerie Henze & Ketterer,
Kunst-Depot, Wichtrach, Schweiz /
Switzerland

2015
*Bernard Schultze. Werke aus der Sammlung
Kemp,* Museum Kunstpalast, Düsseldorf
*Bernard Schultze. Zum hundertsten
Geburtstag – Werke aus dem Nachlass,*
Museum Ludwig, Köln / Cologne
Bernard Schultze und Sigrid Kopfermann,
Kopfermann-Fuhrmann-Stiftung, Düsseldorf
*Bernard Schultze – Hommage zum
100. Geburtstag,* Samuelis Baumgarte
Galerie, Bielefeld
*Ein heller Hauch, ein funkelnder Wind.
Bernard Schultze zum 100. Geburtstag,*
Arp Museum Bahnhof Rolandseck, Remagen

Gruppenausstellungen (Auswahl) /
Group Exhibitions (selection)

1947
Malerei und Graphik, Mosaikwerkstätten
»Junge Kunst«, Hamburg

1948
Tachismus in Frankfurt, Galerie Egon
Günther, Mannheim
*Vision und Magie. Ausstellung surrealer
Tendenzen deutscher Künstler,*
Galerie Egon Günther, Mannheim

1949
Deutsche Maler der Avantgarde,
Galerie Egon Günther, Mannheim
*Kunst seit 1945. Sommerausstellung der
Neuen Darmstädter Sezession 1949,* Neue
Darmstädter Sezession, Mathildenhöhe,
Darmstadt

1950
*Neue Rheinische Sezession. 1. Jahresaus-
stellung,* Kunsthalle Düsseldorf, Düsseldorf;
Haus der Kunst, München / Munich

1951
Große Kunstausstellung München 1951,
Haus der Kunst, München / Munich

1952
*Neue Rheinische Sezession. Jahresaus-
stellung 1952,* Kölnischer Kunstverein,
Hahnentorburg, Köln, 1952
*Neuexpressionisten, Schultze, Kreutz,
Greis, Götz,* Zimmergalerie Franck,
Frankfurt am Main

1953
Salon des Surindépendants, Association
artistique Les Surindépendants, Salles
d'Exposition, Paris
Neue Tendenzen, Förderkreis Kulturzentrum
Berlin e.V., Haus am Lützowplatz, Berlin

1954
Phases [Ausstellung anlässlich des Erschei-
nens der ersten Nummer der Zeitschrift
Phases / exhibition to mark the first publi-
cation of the magazine *Phases*], Studio
Paul Facchetti, Paris

1955
*Glanz und Gestalt – Ungegenständliche
deutsche Kunst,* Museum Wiesbaden,
Wiesbaden
ZEN 49, Städtische Galerie im Lenbachhaus,
München / Munich; Wallraf-Richartz-
Museum, Eigelsteintorburg, Köln / Cologne

1956
Die Darmstädter Sezession in Bremen,
Paula-Modersohn-Becker-Haus und Neues
Forum, Bremen
*Frankfurter Tachisten – Götz, Greis, Kreutz,
Schultze,* Frankfurter Kunstverein,
Frankfurt am Main

1957
German Art of the 20th Century, Museum
of Modern Art, New York
*Abstrakte Kunst. Ausstellung deutscher
Maler und Bildhauer,* Kulturhaus,
Ludwigshafen am Rhein

1957/58
Eine neue Richtung in der Malerei,
Städtische Kunsthalle, Mannheim

1958
Götz, Hoehme, Schultze, Städtisches
Kunstmuseum, Duisburg
*Das rote Bild. 7. Abendausstellung im Atelier
Piene, Düsseldorf* [zur Ausstellung erschien
die erste Nummer der Zeitschrift *ZERO* /
the first issue of the magazine *ZERO*
coincided with the exhibition], Atelier
Piene, Düsseldorf

1959
documenta II, Museum Fridericianum,
Kassel
*Tachismus in Frankfurt: Quadriga 52. Kreutz,
Götz, Greis, Schultze,* Historisches Museum,
Frankfurt am Main

1960
*Accrochage. Peintres et sculpteurs de la
Galerie Daniel Cordier,* Galerie Daniel
Cordier, Paris

1962
Guggenheim International, The Solomon R.
Guggenheim Museum, New York
*Skripturale Malerei. Instrumente und elektro-
nische Musik von Mauricio Kagel. Bilder und
Zeichnungen. Japanische Kalligraphie. Musi-
kalische Graphik. Sehtexte. Poème-Objets.
Mechano-Faktur. Angewandte Graphik.
Kinderzeichnungen,* Berliner Festwochen,
Haus am Waldsee, Berlin

1963
The VII. Tokyo Biennale, Tokio / Tokyo

1964
*Salon Comparaisons 1964. L'Art jeune con-
temporain en Allemagne / Junge deutsche
Kunst der Gegenwart. 10. Ausstellung
des Salon Comparaisons im Musée d'Art
Moderne,* Musée d'Art Moderne, Paris
documenta III, Alte Galerie, Museum Fridericianum, Orangerie, Kassel

1965
Metamorphosen. Surrealismus heute,
Städtisches Museum Schloß Morsbroich,
Leverkusen

1966/67
*Labyrinthe. Phantastische Kunst vom
16. Jahrhundert bis zur Gegenwart,* Kunst-
verein Berlin und Akademie der Künste,
Berlin; Staatliche Kunsthalle Baden-Baden,
Baden-Baden; Kunsthalle Nürnberg,
Nürnberg / Nuremberg

1968
Phantastische Kunst in Deutschland,
Kunstverein Hannover, Hannover / Hanover
Dada, Surrealism, and their heritage,
Museum of Modern Art, New York; County
Museum of Art, Los Angeles; Art Institute
of Chicago, Chicago
Reiche des Phantastischen, Städtische
Kunsthalle, Recklinghausen

1969
Maler und Modell. Ein Thema aus fünf Jahrhunderten von Dürer bis Picasso, Staatliche Kunsthalle Baden-Baden, Baden-Baden

1970
Jetzt – Künste in Deutschland heute, Josef-Haubrich-Kunsthalle, Köln / Cologne

1971/72
Metamorphose des Dinges. Kunst und Antikunst 1910–1970 / Métamorphose de l'objet. Art et Anti-art 1910–1970, Palais des Beaux-Arts, Brüssel / Brussels; Museum Boijmans Van Beuningen, Rotterdam; Nationalgalerie, Berlin; Palazzo Reale, Mailand / Milan; Kunsthalle, Basel / Basle; Musée des Arts décoratifs, Paris

1973
Thema: Informel. Teil 1: Zur Struktur einer »anderen« Zeit, Städtisches Museum Schloß Morsbroich, Leverkusen; Kunstverein, Haus am Waldsee, Berlin

1974
Metamorphosen, Aspekte zum Menschenbild. 1. Ausstellung aus der Sammlung internationaler zeitgenössischer Kunst, Kunsthalle Nürnberg, Nürnberg / Nuremberg
Dieter Krieg, Hermann Albert, Galleriet Kulturhuset, Stockholm

1974/75
Surrealität – Bildrealität 1924–1974. In den unzähligen Bildern des Lebens, Städtische Kunsthalle, Düsseldorf; Staatliche Kunsthalle Baden-Baden, Baden-Baden

1975/76
Der ausgesparte Mensch. Aspekte der Kunst der Gegenwart, Kunsthalle Mannheim, Mannheim

1976
Freunde danken Werner Haftmann. Ausstellung der Schenkungen an die Nationalgalerie, Neue Nationalgalerie, Berlin
Kunst der 60er und 70er Jahre aus Bonner Privatbesitz, Städtisches Kunstmuseum, Bonn

1977
documenta 6, Fridericianum, Neue Galerie, Orangerie, Kassel

1979/80
30 Jahre Kunst in der Bundesrepublik Deutschland. Die Sammlung des Städtischen Kunstmuseums Bonn. Auswahl, Städtisches Kunstmuseum, Bonn

1980
Informel. Götz, Schultze, Hoehme, Museum am Ostwall, Dortmund

1981
Westkunst. Zeitgenössische Kunst seit 1939, Museum Ludwig Köln, Rheinhallen, Köln / Cologne

1982/83
Quadriga nach 30 Jahren. Karl Otto Götz, Otto Greis, Heinz Kreutz, Bernard Schultze, Galerie Hans Ostertag, Frankfurt am Main

1983
Informel. Die Malerei der Informellen heute, Saarlandmuseum, Moderne Galerie, Saarbrücken

1985/86
1945–1985: Kunst in der Bundesrepublik Deutschland, Neue Nationalgalerie, Berlin

1986/87
Hinter dem Rahmen, Kunsthalle in Emden, Emden

1987
Die Maler der Quadriga, Sinclair-Haus, Bad Homburg

1988
Struktur und Geste. »Informelle Malerei« und »Subjektive Fotografie« in der deutschen Kunst der 50er Jahre, Suermondt-Ludwig-Museum, Aachen
Made in Cologne. Künstler aus Köln in der DuMont Kunsthalle, DuMont Kunsthalle, Köln / Cologne

1988/89
Stationen der Moderne. Die bedeutenden Kunstausstellungen des 20. Jahrhunderts in Deutschland, Berlinische Galerie, Martin-Gropius-Bau, Berlin

1989
Donations Daniel Cordier. Le Regard d'un amateur, Musée National d'Art Moderne Paris, Centre Georges Pompidou, Paris

1989/90
Zeitzeichen. Stationen Bildender Kunst in Nordrhein-Westfalen, Ministerium für Bundesangelegenheiten des Landes NRW, Bonn; Hochschule für Grafik und Buchkunst, Leipzig; Wilhelm-Lehmbruck-Museum, Duisburg

1990
Kunst nach 1945. Malerei, Plastik, Objekte. Ausstellung der Sammlung des Museums Morsbroich, Leverkusen, DuMont Kunsthalle, Köln / Cologne

1992
Timm Gierig presents Jürgen Brodwolf, Hartwig Ebersbach, Fritz Fröhlich, Dieter Krieg, Karl Marx, Norbert Nüssel, Bernard Schultze in Chicago, International Art Exposition, Galerie Timm Gierig, Frankfurt am Main, Donnelley International Hall, Chicago
5. Triennale Fellbach 1992. Kleinplastik in Mexiko, Spanien, Italien, Deutschland, Schwabenlandhalle Fellbach, Fellbach; Wilhelm-Lehmbruck-Museum, Duisburg
Tachismus – Informel. Peter Brüning, K. F. Dahmen, K. O. Götz, Gerhard Hoehme, Walter Menne, Bernard Schultze, Emil Schumacher, K. R. H. Sonderborg, Fred Thieler, Galerie Georg Nothelfer, Berlin und Kunstverein-Lesehalle e.V., Lesehalle, Kühlungsborn
Labyrinth der Welt und Lusthaus des Herzens. Johann Amos Comenius, Jan Amos Komenský (1592–1670). Europäische Dimension der Kultur, Museum Bochum, Bochum

1994/95
The Romantic Spirit in German Art,
1790–1990, Scottish National Gallery of
Modern Art, Edinburgh; Hayward Gallery,
South Bank Centre, London

1995
30 Jahre Galerie Wilbrand 1965–1995.
Baumeister, Berner, Doempke, Fleischmann,
Geccelli, Geiger, Gräsel, Graubner, Hartung,
Jochims, Köthe, Nay, Paeffgen, Pfahler,
Richter, Schultze, Schumacher, Willing,
Galerie Wilbrand, Köln / Cologne
Kunst in Deutschland. Werke zeitgenössi-
scher Künstler aus der Sammlung des Bundes,
Kunst- und Ausstellungshalle der Bundes-
republik Deutschland, Bonn
Der Rhein – Le Rhin – De Waal. Ein euro-
päischer Strom in Kunst und Kultur des
20. Jahrhunderts, Rheinisches Landes-
museum, Bonn

1995/96
Rückblicke und Ausblicke. Abstraktion bis
an ihre Grenzen, Galerie Henze & Ketterer,
Wichtrach, Schweiz / Switzerland

1996
vis-à-vis. KünstlerPaare, Karl Ernst Osthaus-
Museum, Hagen

1997/98
Die Maler und ihre Skulpturen. Von Edgar
Degas bis Gerhard Richter, Museum
Folkwang, Essen

1998
Die Informellen von Pollock bis Schumacher /
The Informal Artists from Pollock to
Schumacher, Museum Morsbroich,
Leverkusen

2001
Die Sammlung Ingrid und Willi Kemp.
Fokus Farbe: informel – konkret – figurativ,
Stiftung Museum Kunstpalast, Kunsthalle,
Düsseldorf

2001/02
Museum unserer Wünsche, Museum Ludwig,
Köln / Cologne

2002/03
Entfesselte Form. 50 Jahre Frankfurter
Quadriga, Städelsches Kunstinstitut und
Städtische Galerie, Frankfurt am Main
Grünewald in der Moderne. Die Rezeption
Grünewalds im 20. Jahrhundert. Beckmann,
Dix, Picasso, Rainer, Schad und andere,
Städtische Galerie, Jesuitenkirche, Aschaf-
fenburg

2004
Augenkitzel. Barocke Meisterwerke und die
Kunst des Informel, Kunsthalle zu Kiel, Kiel

2005
Vom Informel bis heute – Künstlerpositionen
aus fünf Jahrzehnten, Städtische Galerie,
Erlangen

2006
Künstlerkoffer im Bahnhof Rolandseck.
Ausstellung des Arp Museums in Zusam-
menarbeit mit dem Forum Kunst Rottweil
aus einer Künstleraktion 1980, Arp Museum
Bahnhof Rolandseck, Remagen

2006/07
Was ist Plastik? 100 Jahre – 100 Köpfe.
Das Jahrhundert moderner Skulptur,
Wilhelm-Lehmbruck-Museum, Duisburg
Neue Nationalgalerie. Die Klassische
Sammlung. Von Edvard Munch zu Barnett
Newman, Staatliche Museen, Neue
Nationalgalerie, Berlin

2008
James Ensor – Schrecken ohne Ende,
Von der Heydt-Museum, Wuppertal

2010
Retour de Paris. Unsere Meisterwerke vom
Expressionismus bis heute, Von der Heydt-
Museum, Wuppertal
Le Grand Geste! Informel und Abstrakter
Expressionismus, 1946–1964, Museum
Kunstpalast, Düsseldorf

2011
Aspekte des Informel. Standpunkte,
Galerie Maulberger & Becker, Düsseldorf

2012
Abstraktion und Informel. Gestische
Farbwelten in der Malerei seit 1930,
Galerie Henze & Ketterer, Wichtrach,
Schweiz / Switzerland

2013
Nur Skulptur!, Kunsthalle Mannheim,
Mannheim

2013/14
Eine Handvoll Erde aus dem Paradies.
Magische Bilder und Objekte aus dem
Museum Morsbroich, Museum Morsbroich,
Leverkusen

2014
Traumwelten, Museum Moderner Kunst,
Passau

Die obige Auswahl der Ausstellungen
wurde dem umfassenden Ausstellungsver-
zeichnis des vom Museum Ludwig, Köln,
beauftragten Werkverzeichnisses Bernard
Schultze übernommen und überarbeitet.
In: *Bernard Schultze. Werkverzeichnis der*
Gemälde und Objekte, hrsg. von Stephan
Diederich und Barbara Herrmann für das
Museum Ludwig, Köln, 3 Bde., München
2015, Bd. 1, S. 152–175.

The above selection of exhibitions was
taken and revised from the comprehensive
exhibition list within the Bernard Schultze
catalogue raisonné, commissioned by the
Museum Ludwig in Cologne.
In: *Bernard Schultze. Werkverzeichnis der*
Gemälde und Objekte, ed. by Stephan
Diederich and Barbara Herrmann for the
Museum Ludwig, Cologne, 3 vols., Munich
2015, vol. 1, pp. 152–75.

Bernard Schultze

Gegenüber (Vis-à-vis), 1951
Farbige Kreiden und Tusche auf Papier /
Crayons and ink on paper
47 × 72 cm
Sammlung Rugo / Rugo Collection
S. / p. 104

**Wege durch Blühendes I
(Paths through Blooms I)**, 1952
Öl auf Pappe / Oil on cardboard
76 × 100 cm
Sammlung Rugo / Rugo Collection
S. / pp. 38/39

Insektenwelt (Insect World), 1952
Öl auf Hartfaserplatte / Oil on hardboard
75,5 × 76 cm
Sammlung Ströher / Ströher Collection,
Darmstadt
S. / p. 41

**Quadriga – Katalog von /
Catalogue by René Hinds**, 1953
Zu einer Ausstellung der Maler /
Accompanying an exhibition of the painters
Heinz Kreutz, Bernard Schultze, Otto Greis,
K. O. Götz in der / at the Zimmergalerie
Franck, Frankfurt am Main, 1953
Privatsammlung, Köln / Private collection,
Cologne

Komposition 54 (Composition 54), 1954
Öl auf Papier auf Hartfaser /
Oil on paper on hardboard
48,5 × 67,5 cm
Sammlung Rugo / Rugo Collection
S. / pp. 28/29

BS 11-54, 1954
Schwarze Tusche auf Papier /
Black ink on paper
42 × 60 cm
Sammlung Rugo / Rugo Collection
S. / p. 105

Uranus, 1957
Öl auf Hartfaser und Mischtechnik /
Oil on hardboard and mixed media
140 × 105 cm
Privatsammlung, Nordrhein-Westfalen /
Private collection, North Rhine-Westphalia
S. / p. 55

**Weiß und Grau
(White and Grey)**, 1957/58
Öl auf Leinwand und Mischtechnik /
Oil on canvas and mixed media
189,8 × 129,8 cm
Lehmbruck Museum, Duisburg
S. / p. 37

Ohne Titel (Untitled), 1958
Mischtechnik auf Pappe /
Mixed media on cardboard
51 × 72,5 cm
Sammlung Kraft, Köln / Kraft Collection,
Cologne
S. / p. 36

Enktrefk, 1960
Farbplastik. Draht, Textilien, Plastikmasse,
Öl / Painted sculpture. Wire, textiles,
plastic compound, oil
140 × 125 × 40 cm
Dauerleihgabe des Landes Rheinland-Pfalz
an das / Permanent loan from the State of
Rhineland-Palatinate to the Arp Museum
Bahnhof Rolandseck
S. / p. 6

Moonen, 1961
Achtteilige Farbplastik. Holz, Draht,
Textilien, Plastikmasse, Öl, Stroh /
Eight-part painted sculpture. Wood, wire,
textiles, plastic compound, oil, straw
240 × 400 × 400 cm
Musée des beaux-arts, La Chaux-de-Fonds
S. / pp. 13, 58/59, 60, 64/65, 67

Komposition (Composition), 1961
Aquarell, Sepia, Feder und Collage auf
Papier / Watercolour, sepia, pen, and
collage on paper
109 × 204 cm
Musée des beaux-arts, La Chaux-de-Fonds
S. / pp. 96/97

**Malone Mémorialiste
(Malone Memoirist)**, 1961
Farbplastik. Holz, Draht, Textilien, Plastik-
masse, Öl / Painted sculpture. Wood, wire,
textiles, plastic compound, oil
170 × 90 × 90 cm
Galerie Henze & Ketterer
S. / pp. 42, 43

**Dialogue végetatif
(Vegetal Dialogue)**, 1962
Dreiteilige Farbplastik. Holz, Draht,
Textilien, Plastikmasse, Öl / Three-part
painted sculpture. Wood, wire, textiles,
plastic compound, oil
225 × 95 × 100 cm, 360 × 80 × 85 cm,
246 × 80 × 65 cm
Galerie Franz Swetec, Düsseldorf
S. / pp. 44/45, 46, 47

Zungen-Collage (Tongue Collage), 1962
Collage, Mischtechnik auf Karton /
Collage, mixed media on cardboard
72,5 × 51 × 5 cm
Hubertus Melsheimer, Ascona
S. / p. 99

Mandala-Migof, 1962/63
Farbplastik. Holz, Draht, Textilien, Plastik-
masse, Öl, Metall / Painted sculpture. Wood,
wire, textiles, plastic compound, oil, metal
177 × 177 × 100 cm
Privatsammlung, Köln / Private collection,
Cologne
S. / p. 91

**Langer gelber Migof
(Long Yellow Migof)**, 1962/65
Farbplastik. Draht, Textilien, Plastikmasse,
Öl / Painted sculpture. Wire, textiles,
plastic compound, oil
220 × 90 × 65 cm
Museum Morsbroich, Leverkusen
S. / p. 90

Myrrst, 1963
Zweiteilige Farbplastik. Holz, Draht,
Textilien, Plastikmasse, Öl, Metall /
Two-part painted sculpture. Wood, wire,
textiles, plastic compound, oil, metal
245 × 196 × 100 cm
Galerie Henze & Ketterer
S. / pp. 72, 73

Fötus-Migof II (Foetus Migof II), 1965
Farbplastik unter Glassturz. Draht, Textilien,
Plastikmasse, Öl / Painted sculpture
under a glass cover. Wire, textiles, plastic
compound, oil
32 × 14 cm (Durchmesser / diameter)
Sammlung Herrmann, Köln /
Herrmann Collection, Cologne
S. / p. 95

Migof Cadavéreux, 1965
Farbplastik. Draht, Textilien, Plastikmasse,
Öl / Painted sculpture. Wire, textiles,
plastic compound, oil
70 × 70 × 35 cm
Sammlung Ströher / Ströher Collection,
Darmstadt
S./ p. 77

Eine labyrinthische Reise nach Rolandseck
von Köln aus (A Labyrinthine Journey from
Cologne to Rolandseck), 1968
Farbstift und Bleistift auf Papier /
Crayon and pencil on paper
63,5 × 33,5 cm
Dauerleihgabe des Landes Rheinland-Pfalz
an das Arp Museum Bahnhof Rolandseck /
Permanent loan from the State of
Rhineland-Palatinate to the Arp Museum
Bahnhof Rolandseck
S./ p. 102

Gelbgrüner Hänger-Migof
(Yellow-Green Hanging Migof), 1974
Farbplastik. Draht, Textilien, Plastikmasse,
Öl / Painted sculpture. Wire, textiles,
plastic compound, oil
230 × 90 × 70 cm
Eremiten-Presse, Düsseldorf
S./ p. 76

Palette, 1980–90
Öl auf Hartfaser / Oil on hardboard
116 × 116 × 4 cm
Sammlung Rugo / Rugo Collection
S./ p. 35

Flügeltier-Migof
(Winged-Animal-Migof), 1974
Farbplastik. Holz, Draht, Textilien, Plastik-
masse, Öl / Painted sculpture. Wood, wire,
textiles, plastic compound, oil
125 × 130 × 110 cm
Sammlung Dieter und Anna Grässlin,
St. Georgen / Dieter and Anna Grässlin
Collection, St. Georgen
S./ p. 71

Migof-Bein-Tor (Migof-Leg-Gate), 1975
Papierskulptur, Bleistift auf Papier /
Paper sculpture, pencil on paper
64 × 40 × 40 cm
Sammlung Kraft, Köln / Kraft Collection,
Cologne
S./ p. 19

Der kleine Migof-Lianen-Wald
(The Small Migof Liana Forest), 1975
Bleistift auf Karton / Pencil on cardboard
50 × 36 × 41 cm
Privatbesitz / Private collection
S./ pp. 26, 27

wie gespreizt (as if splayed out), 1977
Bleistift auf Papier / Pencil on paper
150 × 130 cm
Sammlung Kraft, Köln / Kraft Collection,
Cologne
S./ pp. 20, 23, 24

Migof im Mai (Migof in May), 1983/86
Farbplastik. Draht, Textilien, Plastikmasse,
Öl / Painted sculpture. Wire, textiles,
plastic compound, oil
176 × 90 × 86 cm
Michael & Eleonore Stoffel Stiftung /
Foundation
S./ p. 93

Kranz-Migof (Wreath Migof), 1988
Farbplastik. Holz, Draht, Textilien, Plastik-
masse, Öl / Painted sculpture. Wood, wire,
textiles, plastic compound, oil
40 × 115 cm
Privatsammlung, Österreich /
Private collection, Austria
S./ p. 92

denkend an Jörg Ratgeb
(thinking of Jörg Ratgeb), 1990
Öl auf Leinwand / Oil on canvas
260 × 600 cm (dreiteilig / three-part)
Kunstsammlung Deutscher Bundestag /
Art Collection of the German Bundestag
S./ pp. 85–88

Polternd-mimosenhaft
(Rumbling-Tender), 1990
Schwarze Kohle auf Leinwand /
Black charcoal on canvas
270 × 400 cm (zweiteilig / two-part)
Privatbesitz / Private collection
S./ pp. 14/15

Für das Geburtstagskind Spinne
(For Spider, the Birthday Child), 1992
Öl auf Leinwand / Oil on canvas
20 × 20 × 5 cm
Privatbesitz / Private collection

Blaue Figur (Blue Figure), 1992
Öl auf Leinwand / Oil on canvas
40 × 30 cm
Privatsammlung, Nordrhein-Westfalen /
Private collection, North Rhine-Westphalia
S./ p. 103

Jean Pauls Verwirrspiel
(Jean Paul's Game of Confusion), 1992
Öl auf Leinwand (Diptychon) /
Oil on canvas (diptych)
200 × 520 cm
Sammlung Würth / Würth Collection
S./ pp. 78/79

Des Fleisches Lust
(The Lust of the Flesh), 1992
Öl auf Leinwand / Oil on canvas
240 × 200 cm
Privatsammlung, Köln / Private collection,
Cologne
S./ p. 75

Wirrnis eines Geflechts
(Web Tangle), 1992
Öl auf Leinwand (zweiteilig) /
Oil on canvas (two-part)
200 × 520 cm
Galerie Wilbrand Köln und Swisttal /
Cologne and Swisttal
S./ pp. 68/69

Ein Zustand Zauberischer Zerrissenheit
(A State of Enchanted Disjointedness), 1993
Öl und Mischtechnik auf Leinwand /
Oil and mixed media on canvas
260 × 200 cm
Portigon AG, Düsseldorf
S./ p. 100

Windgestalten im Frühling
(Wind Figures in the Spring), 1994
Mischtechnik, Öl auf Leinwand /
Mixed media, oil on canvas
260 × 200 cm
Privatbesitz / Private collection
S./ p. 9

Neuenahr, 2004
Aquarell auf Büttenpapier /
Watercolour on laid paper
55 × 37 cm
Galerie Wilbrand Köln und Swisttal /
Cologne and Swisttal
Umschlag Rückseite / back cover illustration

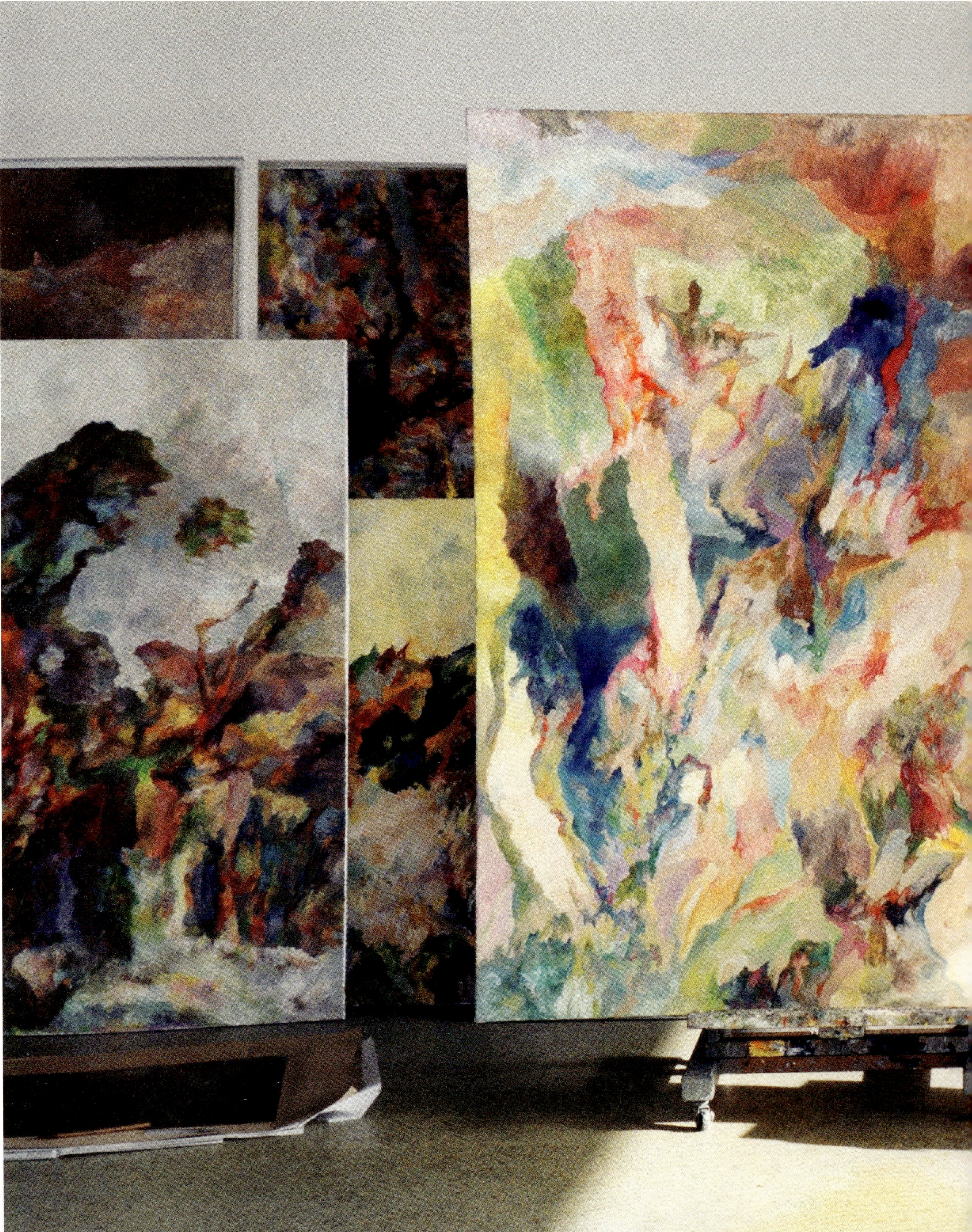

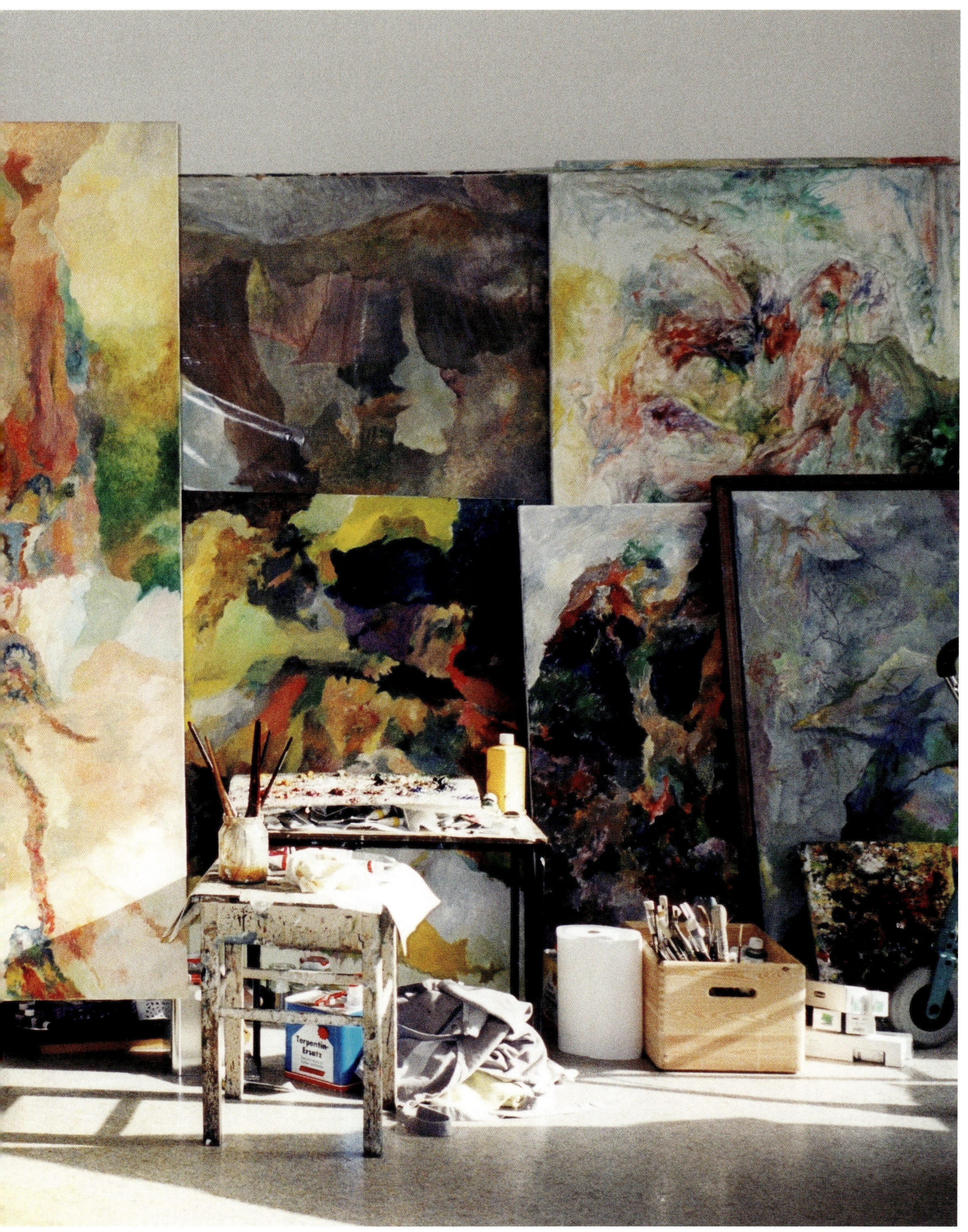

Diese Publikation erscheint anlässlich der
Ausstellung / Published in conjunction with
the exhibition

**Ein heller Hauch, ein funkelnder Wind.
Bernard Schultze zum 100. Geburtstag.**

*A Bright Wisp, a Glistening Wind.
Bernard Schultze: a 100th Birthday Celebration.*

Arp Museum Bahnhof Rolandseck
19. Juni 2015 – 1. Mai 2016 /
19 June 2015 – 1 May 2016

Ausstellung / Exhibition

Direktor / Director
Oliver Kornhoff

Kuratorin / Curator
Jutta Mattern

Ausstellungsassistenz / Curatorial assistance
Sylvie Kyeck

Verwaltungsleitung / Head of administration
Petra Spielmann

Presse- und Öffentlichkeitsarbeit /
Public relations
Claudia Seiffert, Anabel Runge

Konservatorische Betreuung /
Conservatorial supervision
Susanne Leydag, Katharina Liebetrau

Kunstvermittlung / Art education
Annette Krapp, Heike Henze-Bange

Veranstaltungen, Marketing und Sponsoring /
Events, marketing, and sponsoring
Margot von Gumppenberg

Ausstellungstechnik / Exhibition installation
José Ceballos, Heinz-Peter Horst, Sany Sakiri,
Christoph Weichert

Katalog / Catalogue

Herausgeber / Edited by
Oliver Kornhoff

Redaktion / Managing editors
Jutta Mattern, Sylvie Kyeck, Anja Hellhammer

Projektleitung Verlag / Project direction publisher
Kerstin Ludolph

Projektmanagement Verlag /
Project management publisher
Jutta Allekotte

Deutsches Lektorat / Copy-editing German
Anja Hellhammer

Englisches Lektorat / Copy-editing English
Vanessa Magson-Mann

Übersetzung ins Englische / English translation
Bram Opstelten

Fotos / Photographs
Olaf Bergmann: 41; Pierre Bohrer: 13, 58/59, 60,
64/65, 67, 96/97; Maurice Cox: 28/29, 35, 105; Wim
Cox: 78/79; Wolfgang Günzel: 71; Eberhard Hahne:
19, 23, 24, 36; Ulrich Helweg: 42, 72, 73; Henze &
Ketterer: 43; Bernd Kirtz: 37; Marion Mennicken:
95, 103; Wolfgang Pankoke: S.77; Georg Retzlaff: 2;
Rheinisches Bildarchiv Köln: Umschlag / cover
(Buchhandelsausgabe / trade edition), 43, 68/69, 75,
78/79, 85–88, 90, 93, 95, 103; Friedrich Rosenstiel: 9,
14/15, 20, 38/39, 75, 99, 101, 104; Christian Smarslik:
Umschlag Rückseite / back cover illustration (Museumsausgabe / museum edition); Foto Soyka Wien:
92; Nic Tenwiggenhorn: 6; Mick Vincenz: 26, 27,
44/45, 46, 47, 102; Tamara Voss: 33, 106/107, 118/119

Umschlag Vorderseite / Front cover illustration:
*Windgestalten im Frühling (Wind Figures in the
Spring),* 1994 (Museumsausgabe / museum edition);
denkend an Jörg Ratgeb (thinking of Jörg Ratgeb),
1990, Detail (Buchhandelsausgabe / trade edition)

Umschlag Rückseite / Back cover illustration:
Neuenahr, 2004 (Museumsausgabe / museum
edition); *Migof im Mai (Migof in May),* 1983/86
(Buchhandelsausgabe / trade edition)

Lithografie, Gestaltung /
Reproductions and graphic design
Marco Lietz

Produktion / Production
Sabine Frohmader

Druck und Bindung / Printing and binding
Passavia Druckservice, Passau

Schrift / Typeface
Circular / Hoefler Text

Papier / Paper
ProfiSilk 170g

Printed in Germany

Die Deutsche Nationalbibliothek verzeichnet diese
Publikation in der Deutschen Nationalbibliografie;
detaillierte bibliografische Daten sind im Internet
über http://dnb.ddb.de abrufbar.

The Deutsche Nationalbibliothek lists this publication in the Deutsche Nationalbibliografie; detailed
bibliographic data are available on the Internet at
http://dnb.dnb.de.

© 2015 Landes-Stiftung Arp Museum Bahnhof
Rolandseck, Hirmer Verlag München und die
AutorInnen / State Foundation Arp Museum
Bahnhof Rolandseck, Hirmer Publishers, Munich,
and the authors
© 2015 für die Werke von / for the works of
Bernard Schultze: VG Bild-Kunst, Bonn

arp museum Bahnhof Rolandseck

Landes-Stiftung
Arp Museum Bahnhof Rolandseck
Hans-Arp-Allee 1
D-53424 Remagen
Tel. + 49 (0)2228 – 94 25 12
Fax + 49 (0)2228 – 94 25 21
www.arpmuseum.org

Unser Dank gilt / Many thanks to:
Doris Schultze-Berger; Barbara Herrmann; Rissa;
Tamara Voss; Nina Beyer; Nikoline Kästner;
Eva Müller-Remmert; Anja Hellhammer; Marco
Lietz; Jutta Allekotte; den Leihgebern / the lenders
Kunstsammlung Deutscher Bundestag; Eremiten-
Presse, Düsseldorf; Galerie Henze & Ketterer;
Sammlung Dieter und Anna Grässlin, St. Georgen;
Sammlung Herrmann, Köln; Sammlung Kraft,
Köln; Lehmbruck Museum, Duisburg; Hubertus
Melsheimer, Ascona; Museum Morsbroich, Lever-
kusen; Musée des beaux-arts, La Chaux-de-Fonds;
Portigon AG, Düsseldorf; Sammlung Rugo;
Michael & Eleonore Stoffel Stiftung; Sammlung
Ströher, Darmstadt; Galerie Franz Swetec, Düssel-
dorf; Galerie Wilbrand Köln / Swisttal; Sammlung
Würth und denen, die nicht namentlich erscheinen
möchten / and to those who prefer to remain
anonymous / sowie den Autoren / as well as the
authors Anne Duden, Karl Otto Götz, Markus Haupt,
Hartmut Kraft und Gregor Laschen

Der Ausstellungstitel ist ein Zitat aus »Die Zimtläden«, in: Bruno Schulz, Werke 1. Die Zimtläden
und andere Erzählungen, S.142. Herausgegeben
von Mikolaj Dutsch. Aus dem Polnischen von
Josef Hahn, Carl Hanser Verlag München 1966.
Für Bernard Schultze war dieses Hauptwerk von
Bruno Schulz (1892–1942), das 1933 in polnischer
Sprache erschien und 1961 ins Deutsche übersetzt
wurde, ein auch im Hinblick auf sein eigenes künstlerisches Schaffen wichtiges Werk. Hier begannen
sich für ihn, wie er sagte, Bildnerisches und Literatur zu kreuzen, und es kam zu einem wechselseitigen Geben und Nehmen. In einer Ausgabe
aus seinem persönlichen Besitz markierte Bernard
Schultze verschiedene Sätze, die sein besonderes
Interesse hervorriefen – so auch den daraus
entnommenen Satzteil des Ausstellungstitels
»Ein heller Hauch, ein funkelnder Wind.«

The title of the exhibition is taken from a story by
Bruno Schulz (»Die Zimtläden« in Bruno Schulz,
Werke, vol.1. *Die Zimtläden und andere Erzählungen,* ed. Mikolaj Dutsch, trans. Josef Hahn [Munich
1966], p.142). For Bernard Schultze this work by
Bruno Schulz (1892–1942), which was published in
Polish in 1933 and translated into German in 1961,
was important also with regard to his own artistic
œuvre. It is where the visual arts and literature
started to intersect for him, he explained, and led
to a mutual give-and-take. In his personal copy
Bernard Schultze highlighted several sentences
that aroused his particular interest, among them
the phrase that serves as the title for this
exhibition: »A Bright Wisp, a Glistening Wind.«

ISBN 978-3-7774-2508-5
(Museumsausgabe / museum edition)

ISBN 978-3-7774-2488-0
(Buchhandelsausgabe Deutsch /
German trade edition)

ISBN 978-3-7774-2420-0
(Buchhandelsausgabe Englisch /
English trade edition)

www.hirmerverlag.de
www.hirmerpublishers.com

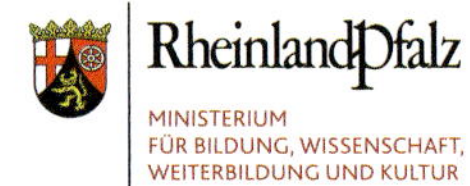
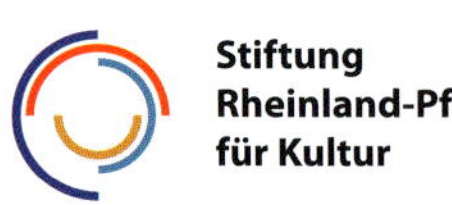